経営の王道を往け

時代を経ても変わらない
リーダーの役割

本郷孔洋
佐藤良雄 著

三坂 輝 取材・構成

日本能率協会マネジメントセンター

はしがき

経営には無限に打ち手がある。

これまでも多くの先人たちがあらゆる手を打ち、成功と失敗を繰り返してきた。

そして、変わり続ける時代の中で、磨き上げられた打ち手がある。

常識という意味ではない。経営者はそれぞれに打ち手を持っているということだ。

それは世間からは、定石のようにも、あるいは奇手のようにも見えるかもしれない。

しかし、長らく経営の荒波を乗り越えてきた経営者は、それが取るべき手であることを知っているのだ。


私はビジネス書の編集者としてキャリアをスタートさせ、現在は執筆者として、編集者として、多くの企業に取材を行っている。

その過程で、さまざまな企業、つまりは経営者の考え方に触れてきた。

優れた経営者たちは、定石と奇手とを、実に上手く使い分けているように思う。経営者たちは定石があるから奇手が生きることを知っている。

しかし、世の中のビジネス書の多くは、これらは区別されてまとめられていることが多い。例えば、経営の正論を説く本がある一方で、対照的に「常識を疑え」といった本がある具合に。

どちらも正しいのだ。いずれも織り交ぜてこそ、経営の王道ではないだろうか。

そして、そうであるなら、スタンダードもディファレントも飛び越えた、経営の王道を1冊にまとめられないだろうか。

そんな思いから、本書は経営者として先頭集団にいる2人の言葉から、特に中小企業にとって実践的な経営の打ち手を知るための本を目指した。

2人の経営者とは、辻・本郷グループの会長、本郷孔洋《ほんごうよしひろ》氏と、SATOグループの代表、佐藤良雄《さとうよしお》氏だ。

ともに自身の事務所を開設したのは1977年。以来、その手腕で日本有数の規模へと育て上げた。2021年現在も精力的に活躍を続け、本郷氏の辻・本郷 税理士法人はスタッフ1600名、佐藤氏のSATOグループは日本最大の社会保険労務士法人など含めスタッフ1500名を超える。

2人のビジネスへの言葉を照らし合わせてみれば、共通して守られている経営の原則もあれば、互いに異なる哲学もある。本書では、業界のトップランナー同士が一つのトピックに対して、ときに定石、ときに奇手、と立場を変えていくが、そこに矛盾はない。

繰り返すが、定石と奇手とは使い分けてこそ、それぞれの効果を高める。優れた経営者はいずれも使い分けている。

本書は4章構成をとっている。

1章では事業ドメインの考え方や戦略立案について、2章では経営者に欠かせない組織のマネジメントや人材育成について、そして3章では経営者としての自己研鑽の姿勢についてをまとめている。読者には、それぞれの立場で眼前にある課題に対する打ち手を選び取っていただけると考えている。

最後の4章では、2人が互いの今日のビジネス環境などをどのように見ているのか、ディスカッションをまとめた。ファシリテーター役は士業事務所のための経営情報誌『FIVE STAR MAGAZINE』編集長の榊原陸氏にお願いした。業界の事情と2人のことをよく知る、榊原氏ならではの問いかけは税理士や社会保険労務士などの士業について、ビジネス構造まで詳しくは知らない読者にとってのガイドラインになるだろう。

最後に、本書は本郷氏と佐藤氏、そして榊原氏の熱意なしには生まれなかった。私は取材・構成のプロセスから、彼らの言葉をできるだけ丁寧に汲み取り、読者が平易に読めるようにまとめた狂言回しに過ぎない。それでも、胸を借りるつもりで書き進めた時間は、私にとっても刺激と教訓にあふれ、一仕事人として得るものが大きかった。

願わくば、読者にも同じく感じてもらえるなら嬉しい。

時や場所が違えば、常識も異なる。
今日の奇手が明日の定石になっても、不思議ではない。
定石も奇手も。生み出すのは、あなただ。
経営には無限大に打ち手がある。

2021年11月
三坂　輝

第2章 経営者の使命 人を育てる

第3章 経営者の姿勢 自分を育てる

第4章　対談　令和の中小企業経営

第1章

経営の打ち手
事業を育てる

01 起業

——起業しようと考えるなら誰でも当然、成功したいはずだ。失敗の確率は徹底的に下げたい。事前にできることはあるか。どの程度の事業計画を立てれば良いのだろう。起業を検討時に考えておきたいポイントとは。

起業に大志はいらない——（本郷）

起業に大志はいらない。これは私の持論です。

私自身、起業の目的はなかったと言っていい。なんせ、クビがきっかけだったのですから。

大学時代は政治学を専攻し、当時の志望はジャーナリストでした。しかし、新聞社の入社試験に落ちて、たまたま会計学専攻の大学院へと進みました。先輩に「会計士になったら何かいいことがありますか？」と聞くと、「会計士になれば、社長と毎日ゴルフだ」。今思うときわめていい加減な回答ですが、半分以上本気にしてしまった私は会計士の道に進み、現在に至ります。先輩が「良い仕事ではない」と言っていれば、私はこの道に進まなかったかもしれません。

大学院卒業後、大手監査法人に入社し、監査の仕事を3年して、3か月の休暇をもらいました。一度は海外に行きたいと思っていたので、イギリスへ遊びに行ったのです。すると、3か月が半年に延び、さらに1年に。日本に帰ると監査法人には席がなく、クビになりました。明らかに就業規則違反でしたから当然です。

仕方なく食い扶持を稼ぐために会計事務所を開いたというのが、私の起業の動機です。

●起業動機は不純でいい

起業の際には、目的を持つことや、事業計画書をきちんと書くことがセオリーのように語られています。

これらを用意するに越したことはありません。ただ、私の経験から言えば、これらはなくてもいい。

もちろん、大志を抱いて起業し、成功した人もいます。しかし、実際は目的も事業計画書も、ほとんどが意図したとおりには進みません。ビジネスは生きた人間が相手ですから。

また、起業の目的に、社会貢献という旗印をあげるのもあまりお勧めしません。社会貢献は事業が成功してからでも、十分に間に合います。あまり理想を高くすると、成功の確率は下がります。

起業の動機は、立派でなければならないわけではありません。

リストラや、会社を辞めざるを得なくなって、ビジネスを始めた人は私のまわりにも多くいます。そういう人ほど、ビジネスが上手くいっている割合が多いような気がします。

●事業計画より行動力

では、動機が不純であったりアバウトだったりしても成功できるのはなぜでしょうか。

成功のキーワードは「行動力」です。成功した起業家は、何しろ行動的だという共通点があります。会社員時代はしばしば病気になって休んでいたのに、起業後は休みをとらないという話もよく聞きます。

経営者がひたすら動き、仕事を作り続けなければ、いくら事業計画が立派でも会社は死にます。逆に言えば、顧客を獲得し続けられれば事業計画がアバウトでも生き残ります。

事業計画よりも行動力。細かく考えすぎず、とにかくすぐやること。途中に挫折や苦労があっても、行動し続けることが肝要です。

Point

事業目的や事業計画はあるに越したことはない。しかし、目的や計画無しの起業家も多くいる。目的や計画にこだわるよりも、圧倒的な行動力が経営者には必要だ。

経営理念はあとから作れ――（佐藤）

起業においては、始めることが第一です。

ビジネスの教科書的なものに「まず経営理念を策定すべき」と書かれていることがあります。しかし、**経営理念は起業の前提ではない**というのが私の実感です。

経営理念を作るよりも前に、まずは起業してしまうこと。

動機さえ問いません。

モテたいという一心で起業する方もいます。社長の名刺を持てばモテるだろうと考え、肩書のために起業するのですね。もちろんお金儲けをしたいという方もたくさんいます。それでもいいでしょう。

経営理念がなくても仕事はできます。必要と感じなければ、なくても構いません。

企業が成長していけば、いずれ理想や使命を打ち立てていかなければならないタイミングがおとずれます。

●必要と感じたときに経営理念は作ればいい

私自身、起業した当初に特別な経営理念はありませんでした。「勝てそうな業界だったから、そこで起業した」という程度の動機に過ぎず、経営理念を作る必要は感じませんでした。

しかし、**従業員数が増えてくると、自分たちのビジネスの価値を何に置くべきかを打ち立てたほうが良い**と感じるようになりました。

従業員といつも一緒にいるわけにはいかなくなり、自分たちのビジネスの価値をいつもその場で教えられる環境ではなくなったからです。「価値を示さなければ、これ以上成長できないかもしれない」「何かあったら自分の目指すものを説明しやすい」。そう感じて、初めて経営理念を作ったのは開業9年目でした。

●従業員が共有できる目標が経営理念

経営にはいろいろな課題が現れます。

最初にモテたくて起業する例を出しましたが、その場合にも課題は現れるでしょう。3人はついてくるけれど5人はついてこない、売上5000万円は超えられるけれど1億円には届かない、などさまざま。それも当然で、モテたいと思っているだけの経営者に、人はついてきません。従業員からすれば、儲けたお金を何に使うか不安でしかないでしょう。

そこで経営者はこの課題を乗り越えるために、経営と向き合うことになるのです。経営理念を作るのは、そのときでも遅くはない。

当社の経営理念は『信頼のお付き合いをモットーに社会のブレーンたらん』。これを基に今も成長を目指しています。

経営理念はどんな言葉でも良いでしょう。ただし、**経営者自身の欲からは離れることです。**従業員皆が共有できる目標を立てる。そして、経営者自身で考える。経営理念とは、人に考えてもらうようなものではありません。

Point

起業はまず始めることが大事。経営理念の策定は課題にぶつかって、必要と感じてからでも遅くない。ただし、成長していけば、いずれ経営理念は必要になる。

02 選定

――事業に参入していくに当たって、選び方はあるだろうか。成長期にある業界だから良いのか、成熟期にあれば避けるべきなのか。新規参入に当たっての魅力の捉え方・考え方とは。

成熟産業こそ勝機あり――（本郷）

起業するに当たって、どのように事業を選ぶべきでしょうか。
ありがちなのは話題の産業でしょう。そして避けられがちなのは成熟し切っている産業です。

成熟した産業は、あとは下っていくのみで新規参入には魅力がないと思われています。ましてや衰退産業は言わずもがなです。

しかし、起業に際しては成熟産業、衰退産業だからといって、魅力のない産業ということではありません。

●戦い方を変えれば成熟産業でも成長する

古い業界でも、戦い方を変えて事業化できれば、十分に成長する余地はあります。

起業には、業界の新旧はありません。

むしろ古い業界であるほど、業界内は凝り固まった常識にとらわれていて、チャンスが眠っているかもしれません。また、新規参入にしても敬遠されがちですので、ライバルが比較的少ないこともメリットでしょう。

●新しいアイデア、視点で考える

すこし古い例になりますが、英会話学習と言えばそれまではグループレッスンが主流でしたが、Ｇａｂａはマンツーマン学習に特化させたことによって成功しました。

そもそもなぜグループ学習だったかと言えば、講師の教育効率によるものです。複数の受講生を同時に教えれば、効率が良い。受講料も安く設定できます。マンツーマン学習となれば、受講料を上げざるを得ません。Gabaはその点で工夫をし、レッスン期間を短縮することで、受講生のトータルコストを軽減しました。

英会話学習も、マンツーマン学習も、古くからあるものです。しかし、それまではこれらを組み合わせることがありませんでした。**組み合わせたことで新しい価値が生まれたのです。**

これは、新しいアイデアによって、成熟産業においても新しいビジネスモデルが生まれることの一つの証左でしょう。

Point

成熟産業、衰退産業だからこそ、戦い方を変えることで大きな勝利をつかめる可能性がある。新しいアイデア・視点で業界の常識を覆したい。

競合を見極める――（佐藤）

私が行政書士を目指したのは大学生だった19歳のころです。親も商売をやっていましたし、親戚も皆、商売をしていました。ですから、私には企業に勤めるイメージが具体的に浮かびませんでした。そこで、一人でできる仕事が何かを考えた際に思いついたのが、資格を取ることでした。

では、どの資格を取るか。そこで私が行ったのが業界内のマーケティングです。

●競合の弱いマーケットを狙う

資格を取ろうと考える方のほとんどが、仕事の内容や試験の難易度について調べています。これも重要なことですが、それだけでは不十分です。**業界への参入が容易であっても、そこから事業を成長させられるとは限らないからです。**

私は当時、求人募集の広告を出している法律事務所、司法書士事務所、会計事務所などを訪ね歩きました。名目は求人への応募でしたが、実際は業界の内情を知るためです。面接では事務所の中へ通してもらえて、働く様子も見られて、しかも働いている人と話もできました。

業種を横断的に見ていけば、どんな仕事が、社会的地位が高く、収入が高いかも分かります。

その中で、私は行政書士を目指すことに決めました。社会的地位や収入、試験の難易度が基準ではありません。当時、私が見て歩いた行政書士事務所はどこも事務所の規模が小さく、儲けていそうもなく、先生達は口をそろえて商売は難しくて大変だと言っていました。今でも行政書士に聞けば「儲からないし目指さないほうがいいよ」と言われるかもしれません。

しかし**逆に言えば、これは競合相手が弱いということです。**開業後にライバルとなる相手が弱ければ、その分だけ勝ち抜きやすいでしょう。

●トップを知る

そして、訪問の際には「**業界で一番偉い人は、どのような方ですか?**」と聞くようにしていました。

そうすれば目指すべき事業モデルを発見することができます。

私はまだ、大学生でしたが、行政書士会に入会しました。入会している他の行政書士の方々を見て、話を聞くことによって、どのような人が、どのような規模で、どのような仕事をしているかなど、さらに業界を深掘りして知ることができました。

こうしたマーケティング視点は、資格取得者に限らず必要であることはお分かりでしょう。

業界にある競合、そして業界のトップランナーはどのような相手か。具体的にイメージできなければ、勝ち抜くことはできません。マーケットを見きわめたうえで参入していくべきです。

Point

参入していきたい業界の具体的なイメージを持つためにマーケティングは必須。競合相手を知らない限り、勝ち抜くことは難しい。

03

攻略

——顧客の信頼を勝ち得て、他社よりも秀でていくために、どのような戦略の下で、どのような手法を選び、それを進めていくか。目指すべき戦略方針と攻略手法にはどのようなものがあるか。

地域ナンバーワンを目指す——（本郷）

地域に密着したビジネスでは、まずは地域ナンバーワンを目指すべきでしょう。では、いかにして勝つべきか。有名なランチェスター戦略という理論から引きましょう。

●ビッグカンパニーでも地域で強いとは限らない

ランチェスター戦略の第一法則には、局地戦の戦い方が説かれています。局地戦の戦闘力は、武器効率×兵力数です。武器効率とは、ビジネスにおける営業員の質です。営業用ツールの質・情報量・コミュニケーションスキル・営業員のモラル等によって決まります。すなわち、営業員が少なくても、その質が他社より優れて差別化されていれば、大量の営業員を抱える大手企業とも互角以上の戦いが可能です。

さらに言えば、中小企業は経営者が〝スーパー営業員〟で、顧客とのグリップが強い例が多い。すると、質（武器効率）によって大手にも勝利することができます。

また、この法則は、個々の営業員が訪問時間や回数を増やせば、比例して大きな力を発揮できることを教えてくれます。**生産性を高めるには、重点営業地域を決めれば効率的です。**街から街へと移動していては時間もかかります。ターゲット地域を細分化して見定めれば、少ない営業員でも効率的に訪問を増やせます。

●地域ごとに戦略を立て地域ナンバーワンを目指す

地域戦略は、地域を細分化して、その中でナンバーワンを目指す戦略です。ナンバーワンを目指すためには5つの原則があります。

①一点集中の原則

ナンバーワンになれるエリアを決めます。都道府県・市町村・道路・沿線などで細分化し、エリアを絞り、競合他社が営業員を2人投入していれば、こちらは3人以上投入するように、集中化します。

②足下の敵攻撃の原則

まずライバルを絞ることが第一です。複数社にまんべんなく戦いを挑んでは集中して相手を叩けません。特に自分が弱者の場合は、自分よりさらに弱い相手を叩きシェアアップを繰り返しながら1位の強者との一騎打ちに持ち込むことを目標としましょう。

③地盤強化の原則

そして地元をしっかり固めます。向こう三軒両隣をまず固めて顧客化する。営業所や店舗を置く際にも考慮したいポイントです。

④ナンバーワンキープの原則

10社あれば上位3社に7割くらいの需要が集まるでしょう。それらの大口顧客やりーダー格の顧客を確保します。地域で力を持つこれらの企業との取引を強化することがナンバーワンを目指すうえでカギとなります。

⑤固定化の原則

最後に、顧客離れを防がなければなりません。顧客には、見込客・新規客・既存客・休眠客・離脱客の5種類があります。このうち、客数減に大きな影響を与えるのが離脱客です。マイナスの顧客対応を見直して、営業員が挨拶をしない、品物のやりとりに時間がかかるといった対応の不手際を一つひとつ洗い出し改善します。

細分化した地域に経営資源を集中的に投入してナンバーワンを目指すことは、規模の小さな企業でも十分に活用できます。

Point

地域ナンバーワンを目指すために、注力したい地域を見定めて、他社に勝る質と数の営業を投入する。そのために5つの原則（①一点集中の原則、②足下の敵攻撃の原則、③地盤強化の原則、④ナンバーワンキープの原則、⑤固定化の原則）も参考にしたい。

顧客の利益と自社の利益は裏腹――（佐藤）

私が開業した当初は、地域ナンバーワンを目指すという戦略をとっていました。はじめは創業した札幌市、次は北海道という具合です。こうした目標設定は、成長度を実感することにもつながります。

私が採用した「**訪問主義**」から、特に地域で信頼を勝ち得る例を挙げましょう。

思えば、訪問主義は私にとって最初に開発した〝商品・サービス〟でした。当時の行政書士や税理士、弁護士といった士業は、顧客に事務所へ来てもらうのが一般的。それを私は、顧客の利便性を第一に考えて、訪問するようにしました。これが、訪問主義です。顧客第一で行動し続けた結果、地域で勝ち抜くことができました。

もっとも、開業当初には借家の居間をオフィスにしていたため、来ていただくような事務所がなかったという事情もありましたが……。

●顧客の利便性を考える

訪問主義は当時、画期的なサービスだったと思います。

顧客にとってみれば、通常は自分が出向かなければならないところを、来てもらえるのですから便利なものです。「書類が用意できたら、私が届けますよ」と言うと「本当ですか?」と驚かれ、喜ばれました。

しかし、訪問主義にはコストがかかります。30分で終わる話のために、車を30分走らせることは当たり前。しかもすべての顧客の会社が1か所に固まっていませんから、西へ東へと車で移動しなければなりませんでした。

一方で、顧客に来てもらえれば、自分は座っていればいいだけ。それでいて、たくさんの相談に乗ることができますから効率的です。

顧客の利益と自分の利益は裏腹の関係にあります。顧客の利益が自分の不利益で、自分の利益が顧客の不利益になり得ます。

●効率性を考える

顧客第一を謳う経営者は多いでしょう。多くのビジネス書でも「顧客優先」「クライアントファースト」と言います。ですが、一方の自社の不利益にも目を向けてこれを解消していかなければ自社が立ち行かなくなりますし、自社が立ち行かなければ結局は顧客の不利益につながります。

訪問主義では、効率的な回り方を考えて訪問していました。そのうえで、とにかく一件でも多くの仕事を受注してくるようにしていました。登記簿謄本1枚、印鑑証明1枚でも、とにかく受注する。そして、空き時間を作らないように昼食も車内。闇雲に、訪問主義をとっていたわけでは、もちろんありません。

余談になりますが、**私は顧客によく手紙を書きます。**今は秘書とパソコンの力を借りていますが、当時はすべて自筆でした。初めて会った人への御礼状なども、当日のうちに書いていましたから、相手のことを記憶するのにも役立っています。この手紙も、当時はハガキを持ち歩いていて、車の中で空き時間などに書いていました。

時間を効率的に使えるかどうかは自分次第です。

Point

顧客の利益を第一にした商品・サービスを提供することが大事だが、同時にそれが自社の不利益になっていないか、その不利益とどのように向き合い、解消するかも重要。自社の利益のために顧客が不利益を被るのでは勝ち抜くことは難しい。

04

適応

――風向きが変わらない場所はない。これはビジネスにおいても同じだ。今が順風満帆だからと言って、明日のことは誰にも分からない。環境の変化をどのように見定めて、経営判断を行っていくべきだろうか。

何屋か、に執着すると失敗する――――（本郷）

「あなたは何屋さんですか?」という問いかけが流行ったことがあります。つまり、「あなたはどの業界に属していますか?」ということです。

初めて、この質問をされたときに、私は戸惑いました。「会計業界に属しているに決まっている」と思ったからです。しかし、本当にそうなのでしょうか。本当に会計業界という狭い業界だけで考えていいのでしょうか。

他の業界の例を引いてみましょう。かつて、映画会社は映画屋であることにこだわりすぎていました。そのため、テレビに乗り遅れ、テレビが家庭に普及するにつれ、衰退しました。もしも、自社を娯楽産業とみなしていれば、テレビ局をもちテレビ放映業に乗り出していたかもしれません。

同じように**業界を狭くとらえていると致命傷につながる**ことがあります。

●新事業領域の開拓

一方で業界を幅広くとらえると、どうでしょうか。新しいビジネスチャンスが生まれてきます。なぜ、千疋屋《せんびきや》のマスクメロンは高くても売れるのでしょうか。それは千疋屋が**フルーツの業界ではなく、ギフトの業界にいるからです。**

人はいろいろな〝財布〟を持っています。フルーツを買うときは〝フルーツの財布〟からしか払われません。そのため、同じ商品で値段を上げることは実に難しい。値上げをしたかったら、顧客の〝財布〟を変えなければいけません。顧客は、商品や業種ごとに自分の価値観を持っています。〝ギフトの財布〟に変えてもらうことで、嘘みたいに気前が良くなったりもします。

マーケットをシフトすることで新事業領域を開拓できるということです。

●企業は環境適応業

今携わっている既存事業がいつまでも続くとは限りません。車が売れなくなった自動車メーカーはどうなるのか、鉄が売れなくなった鉄鋼メーカーはどうなるのか……。それぞれ、自分のビジネスに当てはめて、自問自答してみてください。

事実、トヨタは自動車を売る会社から、モビリティ・サービスを提供する会社へと業態を変えようとしています。**私も「自分が何屋か？」を絶えず問い続けています。**

従業員にも「税務で商売ができなくなったらどうする？」と聞きます。

「もしも税金がなくなったら……」。これを「あり得ないこと」と考えずに想像してみることです。

経営とは本来、環境適応業なのです。

Point

自社の業界を狭く捉えては致命傷となる。広く捉えることで成長業界に手を広げられたり、自社の価値を高く設定したりできる。

市場を読んで判断せよ——（佐藤）

私が小学生のころ、北海道の小学校には石炭ストーブがあり、冬には生徒が石炭をくべて教室を暖めていました。それが、急速に石油ストーブ、電気ストーブと置き換わっていきました。今の小学校には石炭ストーブはありません。子どもたちは黒光りする石炭を見たこともないでしょう。

これは既存の商品が新商品により淘汰された一例です。

会社は、こうした変化に対応していかなければ生き残っていけません。どんなに成長していても、マーケットの縮小や時代の変化には敵わないからです。

●縮小マーケットでの経営判断

縮小していくマーケットに属していれば、その縮小スピードに応じて売上は減っていきます。

マーケットは急にすべてが無くなるわけではありません。なくなるスピードはそれぞれ異なりますが、いくらかの時間的な猶予はあります。

その間にできるだけ早く結論を出すことです。

こうした経営判断が求められる機会は大小含めて何度もあります。

できれば今やっている仕事や資源を生かせるようなマーケットに展開していく。

ただし、あまり早く動きすぎれば新しい仕事の黒字化までに時間がかかりますし、遅すぎては先んじることができません。このタイミングや判断は、自分の持っている資金や信用、年齢などによって異なると思います。

または、今のまま、シェアを上げて力をつけられれば、既存のマーケットで拡大するということもあり得ます。その場合は、まずはシェアを上げ、そのうえで次の転換期までに対策を考えるべきでしょう。

●情報を読み解く力と勘を働かせる

マーケットの縮小や変化は、その仕事をやっていれば誰よりも早く分かるはずです。もし、変化に気づけないとすれば、情報を集めていないからでしょう。まずはしっかりと自分の業界や社会の情報を集めるべきです。

しかし一方で、情報を持っているからといっても、変化に対応できるわけでもありません。いろいろな人がさまざまな場で「次の時代はこうなります」と話していますが、ほとんどの人は「へえ、そうなんだ」と思うだけです。もちろん皆さん、未来を知りたいと思っていますから関心はあります。しかし、それを行動に結びつけられるかは別です。得た情報から、どのようなチャンスがあるかを読み解く力と勘を働かせて、ビジネスを変化させていかなければなりません。

Point

どんなに会社が成長していても、マーケットの縮小や時代の変化には敵わない。情報を集め、いかに早い経営判断を下すかが重要だ。

05 展開

──多角化経営をしていくべきだろうか。その理由は何か。また、どのようなビジネスを選ぶべきか。業種や業態を取捨選択していくポイントはどこにあるのだろうか。

本業から遠すぎる多角化は失敗する──────（本郷）

隣の芝生は青く見えます。他人のものは何でもよく見えますね。ビジネスに転じて考えれば、この言葉が意味する教訓は、本業に徹底しろということです。

しかし、本当にそうなのでしょうか。

実は、隣の芝生は本当に青いかもしれないのです。本業が一番儲からないかもしれない、将来性がないかもしれない。今は良くても、時代が変わればビジネスが古くなり本業が売れなくなる確率は決して低いとは言えません。

●儲からなくなる前に隣地拡大（隣接異業種）戦略

ですから儲からなくなる前に異業種へ広げることを検討しなければなりません。

しかし、ここで注意したいのは、あくまで「隣の芝生」を見ることです。遠すぎるビジネスへの新規参入は失敗します。

恥ずかしながら、私の失敗例を紹介しましょう。バブル景気の頃でした。私は、カラオケボックスの経営に手を出しました。カラオケボックスは減価償却が多くとれて、節税効果があったからです。そこで意気込み50店舗に広げようとまで考えていましたが、3店舗で撤退しました。始めた当初は良かったものの、あっと言う間にサービスの質が落ちて店が荒れ、採算も悪化しました。結果、出店コストの回収もろくにできず、3店舗ですら大きな傷となりました。「50店舗にしていたら立ち直れなかった……」と背筋に寒いものを感じました。

失敗の原因は、「私」です。会計事務所を開き10年が経ち、そこそこ成功したとうぬぼれ、違うビジネスでも成功したいと考えてしまったのです。他人の芝生はつくづく青く見えるものだと実感しました。ですから、会計事務所がカラオケボックスに手を出すほど、遠くの芝生を見てはいけませんね。

もう一つ、カラオケボックスと同時に立ち上げた財務ソフトの開発にも失敗しています。当時の財務ソフトとしては優れていましたが、開発費にコストがかかり、毎月何百万円と出ていきました。事務所の体力が持ちませんでした。また、財務会計のソフトだから、本業と近いと思っていたのが間違いでした。商品は本業と近くても、そこで働く人材が大きく違います。開発者は会計人と考え方が大きく異なっていて、管理することができませんでした。

●本業から離れるな、本業にこだわるな

これらの私の失敗から、遠すぎる異業種への展開はお勧めできず、また、一方で近くても人間が違うとビジネスの成功は難しいことが分かります

本業にこだわる必要はありません。むしろ、こだわるほうがリスク。ですが、本業から離れすぎても上手くはいきません。**コツはあくまで隣地への拡大です。**

Point

本業が衰退していく可能性もあり得る。ピンチを迎える前に異業種へと拡大したい。その場合は、本業と隣り合う事業のほうが失敗しにくいと言える。

突き詰めたところからビジネスは面白くなる――（佐藤）

創業当初は儲かっていたのに、途中から次第に儲からなくなることもあります。ですから、いろんな異業種のビジネスを手掛けることはリスクテイクの手法としてわるくない。今日では、同じ会社や同じ経営者が、例えばこちらで花屋をやって、あちらで喫茶店をやるというように、全くの異業種を3つ4つ手掛けることも少なくありません。しかも、それぞれそれなりの規模になっていることもよくあります。

●特化によるリスクテイク

私は、こうした経営を否定しません。ただし、特化することは勝ち抜くためには不可欠だと考えています。

あるビジネスに専業するということは、単純に明日も明後日も同じ仕事をするという話ではありません。それでは時代に取り残されてしまいます。専業においても変化は必要です。

しっかりと情報を集めながら、毎日の仕事をする。そうすれば、時代の変化にはついていけますし、それどころか、時代の変化を先取りしていけます。他社がやっていない分野や、どこも目立って先行していない分野で、先行していくほうがマーケットは大きい。

ですが、3つも4つも異業種を手掛けていると、よほどの能力があれば別ですが、各業界におとずれる未来像を嗅ぎ分けて、それに合わせて企業を変化させていくことに、どうしても後手を踏むでしょう。自分が「ここだ」と見定めた業界でやり切ることも重要でしょう。

●何屋かを明確にするメリット

もっとも、私が仕事を始めた頃は「あなたは何屋さんですか?」という問いかけにきちんと答えられないと、ビジネスがいい加減だとみなされ、プロとして評価されない時代背景がありました。
何屋かが明確であれば、相手も「誰を紹介すればいいか」「何を提供すれば役に立てるか」が分かりやすいものです。何より、突き詰めたところからビジネスは面白くなると思いますね。

Point

事業特化がリスクだとは言い切れない。情報収集と変化を怠らなければ、時代を先取りすることも可能。何よりビジネスは突き詰めたところから面白くなる。

06 変化

——社会は日々、変化していく。技術は日進月歩で進化し、人は移り変わる。変化する環境の中で、企業はどのように変わるべきか。また、変わらないべきだろうか。

「変わらないようで変わっている」ことがコツ——（本郷）

過去の実績は、未来を保証するものではありません。会社には変化が必要です。私の場合、創業後10年で成長への不安を感じ、大きな壁に当たりました。そして同業者との勉強会に参加し、ライバルと切磋琢磨することで次の10年を乗り越えました。そして、その次の10年は、他の会計事務所と合併したことでさらなる飛躍ができたと考えています。

振りかえれば、10年ごとにギアチェンジをしてきたような思いがあります。

●フルモデルチェンジの合間にマイナーチェンジ

では、10年の節目ごとに変化をしてきたのかと言えば、そうではありません。もっと細かな変化を繰り返してきました。

合併した当初の3年、実質統合をした3年、さらに地方展開をした3年という、3年ごとに変化がありました。そして、10年で大きな変化をしてきました。

3年でマイナーチェンジ、10年でフルモデルチェンジです。

●時代に合わせて変化を繰り返す

ですが、今日ではそのペースでは遅いと思っています。**極端に言えば1年ごとのマイナーチェンジを続けなければ、ビジネス環境の変化に対応できません。**内部改革も改善も同時にやらなければ、組織自体が古くなるとつくづく感じます。

セブン-イレブンでは、どんな売れ筋商品でも、売れた途端に次の商品開発を進めているといいます。変化のサイクルは月単位です。時代に合わせ、小さな変化を繰り返し、気が付かないうちに大きな変化を遂げているというのが、良い企業の特徴でしょう。

Point
良い企業は、細かな変化を繰り返し、いつの間にか大きな変化と遂げている。1年ごとと言わず、細かなサイクルで少しずつ変化したい。

変化できる能力を持て――（佐藤）

変化していくとは、どういうことでしょうか。

企業が成長すると、その成長ステージによって課題が現れます。私はこれを「**事業拡大の壁**」と呼んでいます。それ以上の成長を遂げるには壁を乗り越えなければならず、壁を乗り越えるためには変化が必要です。
つまり、変化していくことは企業の成長に必要不可欠です。

●事業拡大の壁を乗り越えるために変化する

一例が「10人の壁」です。「10人の壁」は「営業・顧客の拡大という企業風土の確立」。「10人の壁」を乗り越えるためには、顧客が増えて企業が大きくなることは良いことだと従業員に感じてもらわなければなりません。

もし「顧客が増えれば自分の負担が増えるだけ」と感じられていたのなら、積極的な営業もなくなり成長がおぼつかなくなります。

この壁を乗り越えるには、新しく取ってきた仕事や既存の顧客を新しい従業員に任せていくことです。これにより新しい仕事の獲得は、自分の作業負担が増えるのではなく、部下が増えるだけのことになり、やりがいにつながっていきます。

同じように「20人の壁」は「経営理念の確立」。「30人の壁」は「信頼できる3人以上の経営幹部の存在」。これが「80人の壁」になると「10人以上の幹部役職者の存在」となっていきます。

壁が立ち現れる度に、経営者は学んで変化していく必要があるのです。

SATO-GROUP オフィス

●変化が速いほど成長が早い

経営者が変化できなければ、企業の成長は続きません。もちろん、小さいままでも十分だと考える経営者がいることも事実です。それはそれでいいでしょう。大きくなることだけが成功だとは言いません。

しかし、企業を大きくしたいと考えるならば、経営者の変化は不可欠です。

現在の当社が乗り越えなければならないのは「職員数1000人の壁」、そのために実現すべきは「2000人の中間管理層の人材育成」です。拡大を続ける限り、新しい壁は現れ続けます。壁を乗り越えるために変化が必要ですから、その変化が速いほど壁を早く乗り越えられます。

一方で付け加えるなら、**この先にどんな〝壁〟が現れるのか前もって知っておくことも大事でしょう。**私は突き当たって初めて壁の存在に気づき、自分自身の行動や直感でその壁をいくつも乗り越えてきました。しかし、あらかじめ誰かに、壁の存在や突破法を教えてもらっていれば、もう少し成長スピードは速かったのではないかと思います。経営者の皆さんには、ぜひ参考にしてもらいたいものです。

Point

成長をして拡大を続けていけば、さまざまな壁が現れる。あるいは、壁を乗り越えるための方法は、経営者にとっては未知のものだろう。しかし、おそれず自分自身を変化させ続けて、成長を続けていかなければならない。

07

学習

――学習は生涯続く。社会に出てからのほうが学ばなければならないことは多いかもしれない。学問とビジネスはどのように紐づき、経営者として何をどのように学んでいくべきだろうか。

百の理論より一つの実行――（本郷）

学歴の高い人が全員成功するかと言えば、そうではあり得ません。
学歴があるばかりにプライドだけが高く、結果を出せない例は山ほどあります。豊富な知識を盾に取って、世の中を分かった気になってしまう。ロジックを組み立てることに得意で、自分の至らなさには理屈をこねて正当化してしまう。これでは結果につながりません。ビジネスの世界は、学歴とは関係のない世界です。

●行動は知識に優先する

幕末の長州藩では、小さな私塾から多数の人材が輩出されました。吉田松陰の松下村塾。松陰は満29歳の若さで亡くなっていますし、松下村塾で教えていたのはせいぜい2年くらいのもの。この短期間で何を教え、人材を育てたのか。

答えは**行動学**です。知識より行動、百の理論より一つの実行。結局のところはこれだけです。その教えを受けた塾生たちが、一も二もなく行動し明治維新の原動力を担いました。

このように、**行動は知識に優先します**。勉強ができた人は、ともすると評論家になってしまいます。行動もしないうちに、悪い予測をして諦めてしまう。

行動しなければ失敗はありませんが、成功もありません。まず行動ありきで、成長していく中小企業の経営者は決して少なくありません。

●体を動かして早く習得

そもそも、日本の教育は基本的に時間がかかりすぎです。これは、従業員教育にしても同じ。知識や技術を身に付けていくスピードは、特にビジネスの世界では重要です。仕事のスキルを身に付けるための近道は、頭だけではなく体のあらゆる感覚を通して学んでいくことだと思います。

ある人材派遣会社の例を挙げましょう。この会社は半導体の工場へ人材を派遣していました。通常、派遣できるように教育するには1か月以上かかるといいます。これを改善するために、この会社では作業工程のシミュレーションソフトを作ったそうです。シミュレーションで体験することにより早く習得でき、教育期間は劇減。この会社は上場を果たしました。

私も従業員教育として、声に出して覚えさせていました。例えば、税法を大きな声で読んでもらう。外から見たらおかしな光景かもしれませんが……。

何でも体を動かすことが近道ではないでしょうか。知識だけで考え、動かないのでは、身に付かず、結果も出せません。

Point

知識ばかりを身に付けても行動しなければ何も起きない。行動は結果を出すためにも必要であり、知識や技術の習得の上でも行動を伴うことで近道になる。

名より実をとる

（佐藤）

開業して間もない頃、ある大学の夜間部に通いました。仕事で必要だと感じ、それまで触れてこなかった法律を学ぼうと思ったからです。

昼間は顧客回りをして、夕方の18時から21時までは大学で講義を受ける。講義が終われば事務所に帰って、事務処理をする。

これを3年続けて、大学を辞めました。卒業して学歴を得ることが目的ではなく、あくまで、知らない法律を学ぼうと思い通っただけのこと。3年間で「だいたいこんなもんだな」と手応えを感じたので、辞めました。

●学ぶべきは実務に即した知識

確かに大学に通い続ければ、単位をもらえて卒業できます。

しかし、私は特別頭がいいわけでもなく、受験勉強をしているわけではありません。講義をすべて聞いていては時間がいくらあっても足りません。

ですから始めから学ぶべき対象を定めて、時間と努力を集中させようと決めていました。

自分の行政書士という仕事に関係のない科目を学んでも意味がない。得たかったのは、不動産登記法や商業登記法など、実務に役立つ知識。訴訟法にしても、民事訴訟法は学んでも刑事訴訟法を学ぶ必要はないと考えました。

大学で実務に即した講義なんて滅多にありません。学ぶべきものを学んだと思えば、卒業を待つ必要もありませんでした。

●方向性のない勉強は結果が出ない

勉強は必要です。しかし、余計な勉強をする必要はありません。

例を一つ挙げてみます。北海道に風月という飲食店があります。お好み焼きや焼きそばを提供していて、もともとは5坪ほどの小さい店でした。

随分前の話ですが、その店の店主に「少し経営の勉強をしてみたらどうですか?」と話しました。たいていの人は、誰かに言われないと勉強しません。私も言うつもりはなかったのですが、とある経営者向けの勉強会を勧めてみたのでした。

すると、その経営者は勉強会に通い始めました。そして、のめり込むほど勉強したのです。しかし、私には、それが勉強のための勉強のように思えました。会社が大きくなっていなかったからです。そこで、5年ほど経って、私はまた彼に「勉強もいいですが、勉強に熱が入り過ぎではないですか?」と話しました。

そこから風月は拡大し、今は年商で50倍以上の企業になっています。

Point

勉強は必要だが、すべての勉強が必要とは限らない。卒業のための勉強、勉強のための勉強は身にならない。

08 努力

――勝者は誰もが努力をしているものだろうか。その重要性について知りながらも、どのような努力があり得るのか。努力の内容や質など、経営者が心しておきたいこととは。

努力は嘘をつく――（本郷）

人はよく「努力をしなさい」と言います。孟子は「聖人と我とは類を同じくする者なり」と言いました。凡人でも努力をすれば聖人になれるというような意味です。

会長室にて著者（本郷）

しかし、**努力がいつも正しいとは思いません。**努力には選ぶべき方向性があるのです。

●一生懸命が良いとは限らない

開業した当初、同業の先輩に助言を頼ったことがあります。

「どうしたらお客さんを取れるのでしょう」と聞くと、先輩は「一生懸命やれば大丈夫だ」と答えてくれました。当時は「そういうものか」と思いましたが、実際は具体的な解決策になっていません。

開業から先輩の助言で一生懸命やって、くたくたになるほど仕事をしました。10年くらいは、ほとんど休みなく仕事をし続けたでしょう。しかし今、私がまた開業をするとしたら、当時の努力の半分以上は無駄だったのではないかと思っています。

フィードバックを繰り返すという作業が、足りなかったと感じるからです。労力を使うわりに効果が薄かった。日本人は「がんばれ」と言われれば、「がんばります！」と言う気質があるように思います。しかし、がんばる方向性を間違えた結果、顧客の言うことを聞いて過度な値引きやきわめて短い納期に対応せざるを得ない状況に陥っては元も子もありません。最終的には消耗戦に突入しますから、これではよほど体力がある会社でない限り、生き残れません。

経済が右肩上がりであれば、無理な努力の分を経済成長が補ってくれて、自然と結果は出てきます。しかし、今日の経済状況ではこれは疑問でしょう。

●適切な方向性の努力は結果につながるスピードが速い

ビジネスでは、徒労に終わる努力は山ほどあるのです。ですから、努力より方向性。方向性を適切に定めると、ビジネスの成長スピードが違ってきます。

Point

努力がいつでも正しいとは限らない。適切な方向性を見定め、進んでいくことで結果につながっていく。

最後までやめずに努力をする——（佐藤）

多くの中小企業の経営者から相談を受けますが、そのほとんどの場合は行動力と行動量が不足しているように思います。

私は社会人リーグで28歳までサッカーをしていました。選手としての才能は高くなかったと思います。まわりには私よりもずっと上手い選手がいました。体格も良く、足も速く、センスがあったりする。たいした練習もしないけど上手い。

しかし、多才で何でもすぐできる人ほどやめていきます。**結局、一番上手くなるのは最後までやめずに努力をした人でした。**

これは経営でも同じだと思います。努力し続けることが基本原則であり、最後まで努力した人が勝ち抜けます。熱心にやった人に敵う人はいません。

●努力を続ける仕組み

しかし努力を続けることは往々にして難しいものです。

営業員が、昼間、会社を出て遊んでいるようなケースもあるでしょう。見ている人がいないから気がゆるむのですね。これは従業員に限りません。経営者でもやはり監視の目がないと、気がゆるむようです。

平日からゴルフに行ったり、夕方から麻雀をしたりするような経営者を、私は山ほど見てきました。それでも会社をつぶすことはなく、器用に経営をしていますが、それ以上に会社は成長はしませんでした。

努力を続ける仕組みとして、チェッカー＝監視者をつくる必要があります。

従業員も、経営者にとってのチェッカーになります。従業員が働いている前では、当然、経営者も姿勢を正すはずです。ところが、それでも監視されない環境はありますし、息苦しくなった経営者自らが監視の目が届かないスキームを作ってしまうかもしれません。そのため、従業員は完璧なチェッカーにはなり得ません。また、配偶者をチェッカーにすることも、その目をかいくぐって遊ぶ例はありますから、適していないでしょう。

●チェッカーに適した人とは

つまり、「こいつには負けたくない」という友達や競争相手を何人も持つことです。監視されて努力をするのではなく、負けたくないという動機で努力をしていく仕組みをつくる。私は身近な人をロールモデルに設定しています。すると、気にせずとも相手の努力が見えてきます。

そういう意味では、チェッカーに適しているのは、結局のところ強い競争相手かもしれません。

Point

最後まで努力し、やり続けることで勝ち抜ける。ただし努力を続けることは難しいため、チェッカーを置く必要がある。

09

逆境

——ビジネスは、いつでも追い風というわけではない。向かい風もやってくる。逆境にあって経営者はどのように考え、振る舞い、行動していくべきだろうか。

ポジティブでタフになれ——（本郷）

ピンチの後にチャンスありと言いますが、それは違います。**ピンチの後にはピンチしかありません。**

そういうときには前向きに考えて、開き直って乗り切るしかありません。

中小企業の経営者は、一人三役をこなさなければなりません。経営戦略を考える経営者、ビジネスを遂行していく専務、そして営業を取り仕切る営業部長です。さらに言えば、営業部長役は、営業戦略の立案と現場の管理の二つをこなさなければなりませんから二役に分かれる。ですから、一人四役を求められるかもしれません。

とにかく経営者に求められる役割は多様です。

●頼れるのは自分だけと考える

ピンチのときには、なおさら多くの役割が求められます。業績が悪化してくると、従業員のモチベーションが著しく下がります。従業員のモチベーションを保つコツは何より成長し続けることで、他のことが多少お粗末でもどうにかなるくらいです。

業績が悪化し、モチベーションが下がると、まず幹部が指示に従わなくなります。そして従業員が次々と離れていく事態に陥ります。それも自分がまいたタネです。そのとき、最終的に頼れるのは自分だけです。

ポジティブでタフであり続ける

●有能であってもタフでなければ社長失格

経営者は自分自身しか頼れません。しかし、自分がすべてを完璧にできるスーパーマンである必要はありません。それよりも、**経営者はタフであることが求められます。**たとえ有能であっても、いちいちくよくよしていたら、何事も動き出しません。

だんだんと人数が増えてくれば、実行部隊は育っていきますから、実務はある程度任せられるようになります。

当社には千人以上の従業員がいます。幹部はほぼ毎日相談に来ますが、大概はネガティブな話です。繊細に反応しすぎては、倒れてしまいます。ですから、次第にタフにもなります。

人が増えるほどに、経営者はタフになれます。経営者は、タフにならなければいけません。

Point ピンチに頼れるのは、経営者である自分だけと覚悟すること。完璧にこなしていかなければいけないというプレッシャーに負けることなく、タフに実行していきたい。

向かい風に耐える

（佐藤）

国内の人口が増加していた時代には、昨日より今日、今日より明日のほうがマーケットは拡大していました。すべての経営者がフォロー（追い風）の中でビジネスをしていたため、成功確率は悪くなかったと言えます。経営努力が足りていなくても、時流に乗って成功できた人がたくさんいました。しかし、人口ボーナスもなくなり、高齢者が増えている状況です。経営環境はアゲインスト（向かい風）に変わりました。

●アクシデントは起こる

経営に影響する社会的なアクシデントはこれまで多々ありました。石油ショック、バブル崩壊、SARS、リーマンショック、震災、新型コロナウイルス……。たまたま私たちの世代は戦争の当事者になることはありませんでしたが、私の父親の世代は戦争を経験し、不幸に遭った方もたくさんいます。

経営は、このようなアクシデントに耐えていかなければなりません。しかし、同じビジネスを続けてアクシデントに対処していくよりも、思い切って他のビジネスに変えるほうがアクシデントを乗り越えやすいこともあります。時代に対応してビジネスを変えやすいのは、小回りの利く中小企業の特権です。

●日本は失敗に厳しい

ただし、人間はそれほど器用でないような気もします。

と言うのは、**ビジネスを変えて成功する人は多くない**からです。そして、日本は失敗ということに、特に厳しい国です。

ある事業で失敗したとしても、別の事業で成功することもあるはずですが、そうした例は日本には多くありません。失敗したというレッテルがついて回り、再起を許さないという風潮がある。失敗して他人に迷惑をかけた人たちに、売上を回収できなかった人たちが悪口を言い、金融機関は全面的に応援をせず、それまで付き合っていた人たちは距離を置いてしまう。

すこぶる、やり直しのきぎづらい国です。ですから、基本は失敗しないようにやることが、この国で勝ち抜く一つの方法論ではありますね。

Point

さまざまなアクシデントは起こり得る。しかしそこで失敗をしていては再起が難しい。特に日本は失敗に厳しく、やり直しがききづらいことを心得ておいたほうがいい。

第2章

経営者の使命
人を育てる

10 採用

——日本では人口減少と高齢化が進み、人手不足が叫ばれて久しい。これに関連して企業では採用が難しくなる一方だ。人材採用の課題において、企業がとれる打ち手とは。

辞められる前提で雇う——（本郷）

事業は1人ではできませんから、必ずスタッフが必要です。

ところが、そもそも求人に応募が集まらないという課題に直面している会社も少なくないでしょう。日本は労働力人口の減少により、人手不足です。

ただし、私は応募が集まらない原因は、労働力人口の減少よりも、いわゆる3Kの職場が敬遠されているからだと考えています。きつい・汚い・危険、どれか一つでも当てはまるなら、手を打たなければなりません。**選ばれない仕事でも、選ばれる職場にしていくことが経営者の腕です。**

●採用と回転寿司の理論

また、事業規模が小さいうちの苦労もあるでしょう。大きな会社から独立して開業した人は特に、求職者がこちらを値踏みしてくるギャップに戸惑うでしょう。私の経験では、面接に来た人が事務所のドアを開いて、中を見てまわっただけで帰っていったこともあります。いざ面接をしてこちらが夢を語り説得をしても、半分以上聞いていない人もいます。「後で返事をします」と言ったが最後、100%「NO」でした。

どうにかして採用しても、定着しない。採用後も苦労の連続です。仲間内でこんな冗談を言っていたことがあります。「スタッフは回転寿司だ」と。その心は、「良いものからいなくなる」。

会計業界ではご存じのとおり、確定申告の期限が3月15日です。ですから、この直前は忙しくなるのですが、3月10日あたりに辞めた人もいました。仕方なく、私は誰もいない事務所で、徹夜で申告書の作業をしました。

スタッフの定着では、実に苦い思いをし、ヤケ酒を呑んだ記憶があります。

●1人辞めたら2人採る

そこで、ある時期から、**辞められる前提で採用することに頭を切り替えました。**1人辞めたら2人採る、2人辞めたら4人採る。それからは随分と楽になりました。

また、人手不足には、業種ごと、会社ごとのきめ細かな対応が必要になりますが、今日では単純作業は機械化してしまうという方法もあります。会計業界でもRPA（Robotic Process Automation）の導入が進んできています。また、日本人を採用することにこだわっている場合は、そのこだわりを無くすことも一つでしょう。あえて高齢者に採用を絞るというのも良いと思います。高齢者が朝4時から出勤しているという話も聞きました。

柔軟な思考で、3K職場からの脱却を目指してはいかがでしょうか。

Point

常時、採用には苦労がある。３Ｋ職場であれば、そこから脱却し、選ばれる職場にしたい。また、退職者が出るのは仕方ないことと割り切り、多く採用することも必要だろう。こだわりを無くして募集をかけることも選択肢だ。

独立志向の人は採用しない――（佐藤）

若い頃から周りの会計事務所などを観察していました。すると一つの傾向が見えました。多くの事務所では、幹部が一定の年齢になったら退職するのです。将来有望だと期待していた社員に辞められ、しかも、担当していた顧客の一部が持っていかれてしまう。独立していく場合も、事務所に与える影響は同じです。

さらには他の従業員まで連れていってしまう場合もあります。まったく他の業界にいくならまだしも敵に回るというのは、想像以上のダメージがあります。

良い人を採用して、上手く育成しても、辞められてしまっては元の木阿弥です。経営者はもちろん、ほかの社員の成長意欲も失われてしまいます。

中小企業にとっては、こういう事態を起こすことが成長の妨げになってしまいます。

●採用の時点で見極める

辞めさせないためのポイントの一つは、採用の時点での見極めです。**そもそも独立志向の人を採用しない**ということです。

面接の際に、応募動機を聞くと、「将来、独立をしようと思っていて、勉強のために――」と言う人たちはたくさんいます。こういうことを言う人は、採用しないほうがいい。退職していくリスクが高いでしょう。ですから、こちらからも、聞き出すようにしてきました。

加えて、組織で連携しながら仕事をすることに同意できるかどうかも確認していました。個人で仕事をしてしまう人を採用すれば、これもリスクです。いわばCtoBで仕事をされてしまうことになりますので、それでは、担当者の病気や多忙によって顧客の要望に応えられないということになりかねません。組織としてBtoBで仕事をすることで、顧客が欲している仕事の質を担保し、担当者が欠けたときのリスクをカバーしていかなければなりません。

ですから、私は面接時に、こうした仕事の仕方を説明し、同意できるかをたずね、同意できないという人は全員落とします。そのくらい用心しています。

●お決まりの退職コースに乗せない

税理士や社会保険労務士など、資格の世界は、資格をとるために勉強し、合格したら独立するというお決まりの退職コースがあります。

他の業界では、そのようなお決まりの退職コースがあるわけでもないと思いますが、それでも一定の年になった幹部に退職され、顧客を持っていかれ、事業が立ち行かなくなった中小企業をたくさん見てきました。予想されるダメージの種はつぶさなければなりません。ですから、採用のときから気をつけていく必要があります。

Point

従業員の退職は企業にとって最大のダメージになる。特に中小企業は、そこで成長スピードが落ちるどころか、成長意欲すら失ってしまう。退職リスクを減らすために、そもそも独立志向の人を採用しないという用心深さも必要だ。

11 育成

――人を育てることは経営者の役割であり課題である。人材育成無しに事業の成長はない。いかに人を育てていくか、経営者が考えるべきポイントはどこにあるのだろうか。

企業は若返りが肝要――――(本郷)

会社も人と同じように老化していきます。中小企業は特に、経営者も幹部も同時に老いていきますから、社内だけを見ていると意外と気づきにくいものです。企業の老化は避けられないものと経営者は理解していなければなりません。

そこで人材育成が肝要になってきます。人を育てられなければリーダーではありません。人の力無しに事業の成長はあり得ないからです。

ところが一般的に、会社には経営戦略よりも人材のほうに課題があり、頭を悩ますものです。私もそうでした。最適解は都度、異なります。そのため経営者は、常に人材力を強化させる道を模索し続けなければなりません。

●経験が役に立たない時代だからこそ若手を登用

定期的な若手の登用と異動は若返りの肝でしょう。大手企業は、毎年、新人を採用して、定期的な異動を行っているため、やはり強い。

最大のライバルは次の世代だと言います。野球で言えば、試合を観戦する子どもたちが次のライバルです。若手こそが次の世代を担っていくキーパーソンです。

年寄りがえらそうにしている企業に明日はないでしょう。経験が役に立つのは、今ある社会がこれまでどおり続くときだけです。昨今のように、大きな変化がとめどなく訪れる時代には、役に立たないどころか、経験がマイナスになることさえあります。

大変革期の今、行動力のある若手の登用は喫緊の課題だと思います。

●人材力をアップさせるには挨拶と笑顔から

そうは言っても若手を、ただ登用すればいいというものではありません。きちんと育てていく軸が必要です。

育成していくための第一歩は、挨拶と笑顔です。コミュニケーションの第一歩が挨拶です。微笑んで、挨拶をされたら、それだけで印象は良くなりますが、意外と難しいものです。会社の従業員皆が笑顔で挨拶できているでしょうか。

従業員がきちんと笑顔で挨拶できていれば、それだけで一流の会社だと言われます。ですから、経営者は、例えばエレベーターで会った若い従業員にも「何々さん、最近はどうですか？」という声掛けから始めることです。

従業員の名前を覚えることは当たり前のことですし、一人ひとりを認知することは人材育成の上でも重要なことです。

Point

企業も老いる。若手の登用と異動で、若返りを図り、きちんと育成したい。人材育成の第一歩は挨拶と笑顔。全従業員が笑顔で挨拶できれば、それだけで一流と思われる。

専門的知識より人間性――（佐藤）

人材育成を考えるときに、重視したいポイントは2つあるでしょう。

1つは専門的知識です。どの業界にも専門的な知識や実務面の技術があります。しかし、顧客は専門的知識があるからといって、信頼してくれるわけではありません。

それよりも、**顧客にとって価値が大きいのは人間性です。**

「お願いごとを聞いてくれる」

「いつも自分のことを考えてくれている」

「この人なら、何かあったときに助けてくれる」

顧客はそう感じるからこそ、信頼してくれます。信頼が得られる人間性を育てることは、専門的知識を育てることよりも重要です。

●人間性が第一

こうした考えのもとに当社では、従業員に磨いてもらいたいポイントを以下の3つに分けて掲げています。

もちろん、人間性が第一です。ここでは具体的に9つの項目を挙げています。①誠実さ、②親切な感じ、③優しさ、④明朗、⑤思いやり、⑥責任感、⑦自信のある態度、⑧丁寧さ、⑨熱心さ、です。こうした振る舞いが顧客を惹きつけます。

第二に挙げているのは単純で、見た目です。専門的知識は第三です。実は専門的知識よりも、外見のほうが評価されます。第一印象で評価は決まる。ネクタイがよれているかどうかは見ればわかりますし、「だらしないなあ」と思われれば、一発アウト。どんなに専門的知識が高くても、他の人へ紹介したいとは思われないでしょう。

見た目を、さらに具体的に言えば、靴が汚れていないことや、せかせかとせず適切な速さで歩くことや、はつらつと大きな声で挨拶をすることなどです。

40歳を過ぎれば、そんなことを教えてくれる人もいなくなるでしょう。しかし、挨拶ができない40代の転職者だっています。「大人だから当然分かっている」ということではないのです。しつけの範囲かもしれませんが、教えなくてはいけません。誰と会っても大きな声で挨拶をすることは、「あなたが信頼されるために必要です」と理由も伝えます。従業員の印象は、その企業の印象です。

●顧客からの信頼をつかむ

こうした振る舞いが印象を良くすることは誰もが分かっているはずです。しかし、それが専門的知識よりも大事であるということを分かっている従業員は多くありません。このことを従業員に意識してもらうためにも、当社では人間性を第一に定義して、見た目を第二、専門的知識を第三に定義しています。

もちろん、専門的知識を第三に置くからといって、専門性をないがしろにするはずがありません。社内で勉強会を開いたり、ＯＪＴ（On the Job Training）で教えたりしていくことも大切です。あくまで顧客に信頼されるには、専門的知識よりも第一に人間性を高める必要があるのです。

Point

いくら専門的知識や実務能力が高くても、人間性が伴わなかったり、見た目の印象がわるかったりすれば、顧客の信頼は得られない。専門的知識よりも先に人間性を伸ばしたい。

12 伝達

――規模が拡大するほどに、人の力に頼ることになる。多数の力を束ねてこその経営だ。経営者は、どのように他者の力に頼るべきか。仕事の依頼の方法やメッセージの伝え方について考える。

丸投げはご法度――（本郷）

組織が大きくなってくると、人の力に頼らざるを得ません。事業は自分一人ではできず、必ず人の力が必要になってきます。

ところが、そうなると、他人に依存してしまうということがよく見られます。

●組織が大きくなると他人依存になりがち

私が財務ソフトの開発で失敗した原因の一つも、他人に依存していたことでした。事務所にセンスの良いシステムエンジニア（ＳＥ）がいて、彼からＬＡＮで利用できる財務ソフトを組みたいと相談されました。その話に私は飛びつき、いろいろと検討してみた結果、新会社を起ち上げることにしました。

意欲もある言い出しっぺの彼に社長になってもらい、私は資金調達を担当しました。私のコンピュータへの知識はかじった程度だったこともあり、餅は餅屋ということで事業計画の立案から社名の決定まで、すべてを彼に任せることにしました。ところが蓋を開けると、開発者と社長の関係がわるく、社内はバラバラ。社長がこのことに悩んでいたのに、私はつゆとも知りませんでした。結局、事業はあえなく失敗しました。能力ある部下を、いたずらに消耗させたことを強く後悔しました。

事業は人に任せないと上手くいきません。**しかし任せ方には注意が必要です。**私は、細部まで具体的にやり方を聞くことや定期報告、また悩みを聞き出してフォローすることを欠いていました。丸投げはご法度です。手痛い勉強になりました。

●すぐ行動、すぐ修正、すぐ撤退

きちんとフォローしていれば、すぐに課題を修正できたかもしれません。あるいはすぐに撤退したかもしれません。

事業は始めるときよりも撤退処理が難しいものです。かけたお金をドブに捨てるようなものですから、心身ともに疲弊します。いかに損失を少なくするか、判断は速いに越したことはありません。

こんな話があります。あるとき、2人の男が森を歩いていて熊に遭いました。1人は慌てふためいて走り出しました。しかし、もう1人は落ち着いて、まず靴紐を結び直しました。助かったのは後者です。なぜでしょうか。後者は準備をしておいたおかげで、前者よりも速く走ることができたからです。ビジネスでも、いつでも撤退できるように、常時、靴紐を結んでおくことが必要です。

Point

信頼していても放任していては、トラブルを未然に防ぐことはできない。火種は大きくなり延焼しかねない。丸投げせずにフォローできる体制を整え、トラブルが生じても早急の修正や撤退ができるようにしたい。

経験を共有する仕組みをつくる——（佐藤）

会社では、いろいろな人がそれぞれ違う仕事をしています。

つまり、それぞれ違う経験値を得ていますが、往々にして、この経験値は共有されていきません。そのために会社の成長速度も鈍くなっていきます。

そもそも個人が自身の経験だけを糧にしたのでは、たかが知れています。**成長を加速させるためには、社内で経験を共有していく仕組みづくりが必要です。**

とはいえ、各自が経験を報告して共有していくことは、そうそう簡単ではないでしょう。例えば、報告書にまとめて共有するには時間も手間もかかります。そもそも現場の社員はやりたがりません。

そこで当社は朝礼で各自の経験を発表してもらうことにしています。そして、この取り組みこそ私がもっとも大事にしていることだと言っても過言ではありません。

●他人の経験値を自分の経験値に変える

当社では私が毎朝セミナーを行った後に朝礼を9時から行います。朝礼には全社員が参加します。日替わりの司会者が進行を務め、社内の各セクションから1人ずつ5分程度の報告をしています。最後に司会者が1分程度のスピーチをして、20分程で終了です。

報告の内容は、取り組んでいる業務の事例発表です。以下の流れが基本です。

①現在の業務
②業務で生じた事象
③自分の対応と相手の反応
④理由と結論

ここでは、業務の当事者でしか経験していないことを発表してもらいます。

例えば「顧客から相談を受けた事案について、私はパワーハラスメントに該当しないと判断しましたが、名古屋の労働基準局に聞くと該当するとの回答でした。つまりここでは『該当』が正解でした。その理由は……」と話してもらいます。これにより、他人の経験が自分事として共有でき、経験値に変えていくことができるのです。

●時間の使い方で能力に差がつく

全社員が朝礼に参加して発表を聞くことはもちろんですが、全社員に話す立場が回ってくるということも、ここではポイントです。いつか自分が話すとなれば、聞き方が変わります。他人の発表を聞きながら「どんな態度でどんな内容の話をしなければならないか」を積極的に学ぶ時間になるのです。

スピーチの練習にもなりますから、顧客への会話スキルも向上します。逆に言えば、これを意識させなければ、他人の発表を何も考えずに聞くだけになり、効果は半減するでしょう。時間の使い方の差が人間の能力の差になります。経験値を効率的に共有していくことで、組織の成長速度は加速していきます。

Point

経験値を社内で共有し身に付けていく仕組みをつくることで、個人の成長速度も、会社の成長速度も加速する。朝礼での共有は、経験値を効率的に共有できる一つの手法。

13 管理

――管理無しには組織は烏合の衆となる。最速で目標に達するためにも、組織をまとめあげて動かしていかなければならない。経営者が押さえておくべき管理のポイントとは何か。

従業員の「やる気」だけに頼らない――――（本郷）

ビジネスは、組織が前提です。ですから、人も使わず、自分自身だけでやっている場合は、ビジネスではなく商人か職人の世界です。

しかし、他人を動かすことは非常に難しい。往々にして上手くいきません。「がんばれ」「やる気を出せ」と発破をかける経営者もいます。しかし、その言葉は曖昧です。何をどのようにがんばればいいのか、やる気を出せばいいのか、従業員は判断に戸惑うばかりでしょう。

思うような成果を出せない従業員の姿に、経営者のあなたはストレスが溜まるかもしれません。しかし、**従業員に不満をぶつけるのはお門違いです。**従業員の「やる気」に頼るのではなく、経営の仕組みを変えなければなりません。

●PDCAを回してシステムを作る

経営の仕組みを作るために有効なものは、PDCAです。

今さらPDCAなんて、と思うかもしれませんが、PDCAほど、知識と実践に差があるものはありません。PDCAでよくある失敗は3日坊主で終わることです。P（計画）までは立ててもD（実行）、ましてやC（検証）、A（改善）まで続かないのです。特に中小企業はこのような例が多いのが実情です。

良い企業は週単位でPDCAを実践しています。ポイントは、計画する時点で、実行や検証の仕組みまで用意することです。

マネジメントは数字（定量）が基本です。数字によって結果を測り、データ化していきます。そのデータを基に分析して、未来につなげていくのです。

営業活動を例にとれば、過去の営業活動を数値化してデータベース化していけば、それを基に営業戦略が立てられるでしょう。仮に顧客との接触回数が増えれば成果が上がるということが分かれば、今度はそれを組織的にフォローしていく仕組み作りに取り組めばいいのです。

●仕組みの上に情熱を載せる

「やる気」だけでは目標を達成できません。ある程度のレベルまでは自動的に行き着くシステムを作り、そのうえに、やる気を注ぐことで目標の達成は見えてきます。はじめから、やる気頼みでは、すぐにガス欠になることでしょう。

一方で、情熱無しでは目標達成は難しい。富士山も五合目までは車で行けますが、そこからは両足で登るしかありません。

Point

いくら発破をかけても人は動かない。人を動かすための仕組みづくりこそ、経営者の仕事。ＰＤＣＡを回して、仕組みをブラッシュアップし続けたい。仕組みに情熱が加わることで、成果も望める。

良い顧客は良い教師――（佐藤）

●良い顧客は要求度が高い

先日、街を歩いていて、社員２人とすれ違いました。

１人は入社４年目、もう１人は入社２年目です。「どこへ行くの？」と聞くと、「これから月に１回のミーティングです」と生き生きと答えてくれました。顧客であるラグジュアリーブランドの企業へ向かうところだったのです。

規模が大きかったり名前の知られている〝良い顧客〟と仕事をしていることは従業員にとって誇りになります。ラグジュアリーブランドの例では、顧客は、言葉どおりのブランドです。

しかしそれにも増して、**良い顧客との仕事は、従業員にとって一番の成長の場になります。**

当社の場合、社員はその担当顧客と毎月1回はミーティングを行います。そこで社員は顧客に対して、今月の結果と反省、それを受けた改善と実行などを、責任を持つ当事者として議論します。それによって誇りも持てますし、「この人たちに満足してもらおう」というモチベーションにもつながりますから、成長もできます。

何より、良い顧客は要求度が高いものです。それでいて、一方的に無理難題を言うわけではない。ちゃんとお互いに成長をしていこうという優しさと厳しさにあふれています。

良い顧客からの高い要求は、最初からすべてをこなせるわけではありません。ですが、共同作業の中で、新しい知識や経験を得て、仕事のやり方を学び、実践することで経験値に変えていくことができます。もちろん、もとから要求に応えられる高い能力をもつ従業員もいるでしょう。だからと言って学ぶことがないわけではなく、新しい経験値を積み重ねていく中で、さらに成長していくことができます。

良い顧客は業務を共に遂行するために、取引先である従業員を管理すると同時にいろいろな成長のきっかけを与えてくれます。

●良い顧客の獲得は経営者の役目

このように、良い顧客を獲得することは、従業員の教育という側面から見ても有効です。良い顧客の獲得は経営者の最大の役目といっていいでしょう。

特に中小企業では、営業社員はいても、経営者も営業をしていると思います。良い顧客を獲得する努力は、経営者自身の成長にもつながります。

当社では「あの会社が顧客になったら、きっと私に担当させてくださいね」と言ってくる職員がいます。そういう顧客を獲得してくることが、経営者の私の役目です。

皆さんも良い顧客の獲得を目指して経営していきましょう。

Point

良い顧客を持つことは、一番の従業員教育になる。取引先としての管理のなかで従業員のモチベーションの向上とノウハウの習得につながる。

14 配置

──適材適所という言葉のとおり、人の得意不得意を見極めて、配置することで組織の力は何倍にも発揮される。人材配置について、意識すべきポイントはどこにあるか。

「仕事は忙しい人に頼め！」は間違い──（本郷）

ベテラン社員にも新人のように見込み客の発掘から担当させている会社が多くあります。

それができる営業員であればあるほど、生産性が悪くなります。これは宮大工が建売住宅を造ったり、経営者が宅配便に受領印を押したりするようなもので、きわめて高コストです。

例えば、最初の電話連絡ではどんなに手短に話しても3、4分はかかるでしょう。電話をかけて、担当者に取り付いでもらうなど、受話器を上げてから切るまでに、そのくらいかと思います。作業がフォーマット化されていても、営業レターに宛先を書いて、メールを送って3分。

電話でのアポイント作業を1時間、ぶっ続けでしたとしてもせいぜい8件に連絡できればいいほうです。そのうち8割が空振りになると考えれば、かなりの時間のロスです。さらに会議に時間をとられる。外出できる時間が減れば営業成績も下がる。

「仕事は忙しい人に頼め」と言われることがあります。忙しい人であるほど、時間を上手くやりくりするからです。しかし「忙しい」という事実はどこまでいっても変わりません。「忙しい」ことは単に会社の課題でしかありません。

●役割を決めて仕事は分担する

仕事は役割を決めて分業化していかなければなりません。

分業化のポイントは、単純に言えば、営業員から雑務を取り除くことです。

顧客折衝以外の作業は、バックヤード担当を作って、営業員と切り離して分業化する。これが第一歩です。すると、情報が会社に溜まっていきます。一方で営業員には、作業記録をつけてもらいます。あくまでアバウトに。完璧に仕上げるために時間を消費してしまっては意味を成しません。

これらの情報は、将来に活かしていくべきです。営業活動を数値化して分析していけば、それを元に合理的な営業戦略が立てられます。いかに接触回数を増やし、それを組織的にフォローしていくか。その仕組みづくりに目を向けられる。

つまり、営業を科学することができるのです。

●職務経歴書の嘘

営業を科学して、仕事を分業化していくという点で、**「仕事は忙しい人に頼め」というような曖昧な言葉に頼るべきではない**でしょう。

付け加えるなら、職務経歴書を見ながら役割を決めることも、曖昧ですし、間違いだと思います。職務経歴書とその人の能力とが一致するとは限りませんし、もっと言えば、**職務経歴書には嘘が書かれていると考えたほうが良い**とすら思うほどです。

Point

営業員が雑務のせいで営業ができないのであれば、効率がわるいことこの上ない。分担を決めて、効率的な業務遂行を目指すこと。役割を定めて、分業化し、情報を蓄積して、また将来に活かしたい。

（佐藤）

属人化、大いに結構

この四半世紀に、日本では多くの企業がマニュアル化を進めました。目的は属人化の排除です。効率化という視点から見れば、仕事のマニュアル化は正しかったと思います。マニュアル化によって未経験業種への転職も容易になり、労働市場の流動性は高まりました。宿泊業に勤めていた人が飲食業へ移るのも普通のことになりました。しかし一方で、別の視点からマニュアル化を見ると、正しかったとは決して言い切れません。

マニュアル化は業務の〝最低限〟を定めるものだと言えるでしょう。マニュアルの下では、〝最高〟は求められず、特別なサービスは許さないというものでした。

それでは従業員のモチベーションが上がらず、努力をしなくなるのも当然のことです。結果的にマニュアル程度の仕事しかできない人が増え、専門的な能力は全体的に劣化しました。

●属人化により専門性を高める

マニュアルに頼った標準的な仕事をして、サービスを提供しているだけでは強みになりません。

強みをもつためには、やはり専門的な能力が必要でしょう。ましてや専門性の高い仕事に就いているのなら、その専門性を突き詰めていかなければなりません。

ただし、専門的な知識は無理矢理に教え込もうとしても身に付きません。そこでポイントになるのが属人化です。極端な話ですが、昔は経理担当者に金庫の鍵を預けていた会社も少なくありませんでした。そうした会社の経理担当者は、ある種の使命感を持っていました。鍵を持っているのは自分しかいないからです。

「自分にしかできない」「自分だけに任されている」という自覚があるからこそ、やる気も湧きますし、「この会社で働き続けたい」という意欲につながります。

長く勤める職員と（著者（佐藤）中央）

●属人化と責任は一体

ただし属人化には二つ、条件があります。

一つ目は責任を持ってもらうことです。与えられた仕事の責任を果たしていくことで、専門的な能力を高めてもらう。責任とは、やむなく自分がその仕事から離れざるを得ない場合に備えて人を育てるということでもあります。

二つ目は能力が高いというだけで属人化させないということです。いくら能力が高くても、顧客に尽くそうという気持ちがなく、自分の会社のことも考えない人に仕事を属人化させると、顧客も自社も不利益を被り兼ねません。もし、このような人に顧客を担当させる場合は、補佐役をつけ、一人きりで仕事をさせないようにするとよいでしょう。

このポイントを踏まえて、「**この仕事はこの人に聞けばいい**」という人材を社内にたくさん増やせば企業としての専門力も高まっていきます。誰もが、同じ仕事ができる必要はありません。

しかし、このような条件に当てはまり属人化させられる人材はやはり圧倒的に少ないでしょう。7割方の従業員は「言われたことだけをやっている」ことも事実。ですから、もう一方の3割が安心して任せられる専門性の高い従業員になってくれれば上出来です。

そういう組織にしなければ、マニュアル通りの最低限の仕事しか受けられず、会社の強みは生まれないのではないでしょうか。

属人化は、組織にとってリスクではなく強みとなりうるものだと思います。

Point

マニュアル化がいつも正しいわけではない。業務の最低限の質は担保されても、専門性の高い業務遂行はマニュアルでは不可能。属人化により高い専門性を持つ人を増やしたい。

15 期待

――期待と実態は異なる。思ってもみない結果が現れることは当たり前だ。経営者は従業員への期待をいかに持ち、そして実態とのギャップにいかに対応していくべきだろうか。

100点満点を期待するな――――――――――――――(本郷)

「うちの社員は出来がわるい」となげく経営者がいます。

何事も求めすぎてはうまくいきません。考えてみれば、自分の報酬の何分の一かの給料で、自分の仕事の幾分かをしてくれているならば、良くやっていると思うべきでしょう。中国の洪自誠という明代末期の人は、随筆集『菜根譚』で次のように言いました。

「人の悪を責めるのに、ひどく厳しくしてはならない。その人が受け取って背負うことができる程度にするように考える必要がある。人に善を教えるのに、ひどく高い理想を示してはいけない。その人が、きっと実行できるように、と考えてあげるべきだ」

●パーフェクトを求めない

パーフェクトを求めないことも大事です。アバウトに考えておくくらいがちょうどいい。ケーズデンキの2代目社長を務めた加藤修一氏は「がんばらない経営」を掲げました。著書『すべての社員のために「がんばらない経営」』では「100点満点より『80点+能率』がいい」と言っています。できないことに注目するのではなく、できること、当たり前のことをきちんとやることを説いています。

アメリカの海兵隊マネジメントの原則には、第一に「70%の解決を目指せ」というものがあります。極端に言えば、私は徹底度30%でも合格点だと思っています。

経営は、野球のような点取りゲームです。一点差でもこちらが上回っていれば、勝利です。一点差も十点差も、勝利という意味では同じです。

また、経営者はつい優秀な人に水準を合わせてしまいがちです。「どうして、あいつができるのに、みんなはできないのだろう」と嘆いたことはないでしょうか。また、優秀な人に通じる理屈が通用しないからといってダメだと決めつけてはいないでしょうか。

マニュアル作成を優秀な人に頼んではいけないとよく言われます。マニュアルが難しくなって、多数を占める普通の社員が使いこなせなくなってしまうからです。

優秀な人に水準を合わせるのではなく、普通の従業員が上げた成果に報いなければなりません。

Point

100点満点が合格点ではない。経営者は優秀者の水準に視点を合わせるのではなく、ある程度アバウトに捉えることが必要。他社に秀でていれば30点でも合格点となる。

砂漠に水を撒き続ける――（佐藤）

たいていの経営者は「従業員へのメッセージ」が少なすぎます。

そもそも従業員は経営者の話なんて、三分の一も聞いていませんが、発信する情報量そのものが少なければ、従業員が経営者の考えを理解できないのも当然でしょう。

私は月曜から土曜の朝8時半から9時まで、従業員向けにセミナーを行っています。会社の拠点を置く北海道と東京を、毎週行き来する生活を続けているため、いつも一か所で話しているわけではありません。今日は北海道で、明日は東京でという具合に私自身は毎朝、可能な限り、セミナーを行っています。

●発信するメッセージ内容

私がセミナーで話す内容は業務連絡や報告などが中心ですが、実はこれこそが私から従業員に向けたメッセージです。

以下、例を3つ挙げてみます。

①時事

今、社会で起きている出来事と自分の会社との関係について話します。それが自社や市場にとって、どのような影響を与えるのかを説明します。

②顧客

取引のある顧客について、事業構造や戦略を自分なりに分析し、他社との比較などを加えます。

③事業

当社が新しく手掛ける事業等について、その狙いやロードマップ、障害、達成されたときに拓けていく市場や売上の可能性などを伝えます。

それぞれ最も重要なことは、現在進行中で不確定な要素も含めて話すことです。後に失敗やトラブルが起こったときにはその因果関係を説明をします。今まさに起きていることを、詳細に知ることは従業員にとって何よりの勉強になります。

こうした話は幹部ならまだしも、若手の従業員などは興味を持たないでしょう。それどころか「何を言っているか分からない」かもしれません。当社の場合、参加は自由にしていますから、聞きに来ないということもできます。それを「聞きに行こう」と興味を持ってもらえるように、話の内容や話し方に工夫を凝らしていますが、それ

メッセージは何度でも伝える

でも従業員が経営者の話に興味を持つことは難しいかもしれません。

しかし、話さなければ、興味を持つ機会もありません。たとえ従業員が興味を示さないとしても、経営者が何を考えて何をやっているかを伝える必要があります。そうでなければ「経営陣は何をやっているのか?」と従業員に不安や不満が募り兼ねません。ですから経営者は、メッセージを常に発信していく必要があります。

経営者なら、従業員に話すことは山ほどあるはずです。

●上手くいくなら苦労はしない

ただし、多くのメッセージを発信したからといっても、やはり経営者の意図が従業員に伝わっているとは思わないほうがいいでしょう。そう簡単にいくなら苦労はしない。私自身、教育が上手くいっているとは思っていませんし、多くの人が辞めていったことも事実です。

経営者だって成長のために真摯に努力することは難しい。従業員だって同じです。

けれども「上手くいかない」ことを前提に、一生懸命やり続ける。

手を抜かない。砂漠に水を撒くような思いがしても経営者は発信をし続ける必要があります。

私が朝のセミナーを始めてから、35年以上が経ちました。止めようとは露ほども思いません。

Point

経営者は従業員へのメッセージが不足していることを認識し、発信の質も量も向上させたい。上手く伝わらないことは大前提。それでも期待を持って一生懸命に発信すべき。

16 組織

——組織にはさまざまな形態があり業種や業態ごとにそれは異なる。効率的で現代のニーズにも沿うような組織形態はあるのだろうか。組織の在り方はどのようにあるべきだろうか。

ピラミッド型の組織は消える————（本郷）

会社はいわば縦社会です。かつて大会社では、会社というムラ社会の中だけで、生活、情報、お金、人生を一気通貫で完結できました。しかし、**現在の従業員は会社の**

外にいくつものコミュニティを持っています。SNSで会社の外の社会といくらでもつながることができます。

所属するコミュニティが会社だけではなくなった従業員は、自由に移動を繰り返します。ですから現在は、会社という縦社会に固執する理由は薄れています。

すでに、中央集権的、ピラミッド型の企業組織は、崩れてきています。その根拠は、ブロックチェーンに代表されるフラット化、分散化の流れです。企業組織は大幅な権限委譲が必要な文鎮型組織になってくるでしょう。各部門は、個店や一つの会社のように動くことになります。しかし、それぞれの部門が勝手に動くのは考えものです。

こうした組織を統制するものが経営理念です。コンプライアンスやガバナンス不全のリスクを防ぐためにも経営理念が重要になるでしょう。

●権限委譲により経営理念はより重要に

そうは言っても、私自身の経験で言えば、業績が危うくなったときに、経営理念は何の役にも立ちませんでした。従業員が蜘蛛の子を散らすように辞めていった経験は今でも忘れることができません。それからは、「理念よりも業績」というのが私のスタイルであったことは事実です。

しかし、前述のように、フラット化した民主的組織を目指すべき現在で大幅な権限委譲が必要となると、経営理念を無視できません。**経営理念の究極は、共感です。**共感は、今日のフラット化していく社会においても重要なキーワードの一つです。SNSの「いいね」の影響力が換金できる例は枚挙に暇がありません。貨幣経済から、人々の共感を中心とした経済へとシフトしてきているとも言えます。これは組織内でも同じことであり、これまで以上に経営理念への共感が重視されます。

●フラットで広がりのある組織に向けて

企業内部では、ピラミッド型の組織が崩れ、「逆」文鎮型の組織になっていきます。社長や本部は各個店のサポーターです。個店の経営は、各個店スタッフ全員の民主的運営によります。個店はマネジャーによるマネジメントが要らない運営が理想的です。極論を言えば、AIによるマネジメントが理想です。

さらには、**組織の拡大をどうするかも、個店で考えればいい**と思います。もちろん利益は最低条件です。ただ、その個店が細胞分裂のように、分店していけば、若手にもチャンスが巡るフラットで広がりのある組織になるでしょう。

Point

フラット化していく社会では、従来のピラミッド型の企業組織も崩れる。デジタル化で情報共有も容易であり、権限委譲により組織もフラット化していくだろう。フラット化していく組織の中では、経営理念への共感が今まで以上に重視される。

そもそもピラミッド型だったか？――（佐藤）

ピラミッド型の企業組織は変化を促されています。

そもそもその前提が変わってきているからです。かつての日本企業は、人材を正社員として採用して長期で雇用することは一般的でした。長期雇用によって、従業員を、その家族も含めて面倒を見て、従業員はそれに応え会社に尽くしていく。こうした濃い人間関係を築いている会社も多くありました。業種にもよりますが、長く勤めてくれる人が増えれば、人材の層が積み重なり、それが自ずとピラミッド型を構成して成長していったという会社も多かったことでしょう。

しかし今日は、必ずしも誰もが同じ会社で長く勤めることを望んでいるわけではありません。他に良い条件の会社があれば、転職していきます。これは単純に従業員の権利主張が強くなったという話ではありません。

人材はもともと流動していくものです。従業員に長く働き続けてもらうことは難しく、現在はそれが特に顕著です。

自然と、ピラミッド型の組織での成長も難しくなっていきます。

●権限移譲はあったか

もともと中小企業では、本来の意味でピラミッド型だとは限りません。

部長や課長、係長という役職はあるものの、ただ歳をとった分、役職を引き上げただけ。役職はあくまで担当分野を振り分けた名称にしか過ぎず、内実は権限委譲もなく、実質的な権限はすべて社長にあるという例です。「ボールペン1本買うのにも社長が決裁する」という会社があっても不思議ではありません。

こうした権限移譲のない組織構造は、変化させていく必要もありました。

現在は、さまざまなＩＴシステムの普及により働き方も変わってきています。一か所のオフィスに人を集めずに、分散型オフィスを基にした組織構造でもビジネスはしやすくなっています。

こうした面においても、健全な権限委譲のある文鎮型になっていく流れになっていると思います。

●長期雇用のメリットを伝える

長期雇用が難しくなっている前提はあるものの、一方で長く勤めてもらえるように努力する必要はあります。

そもそも長く勤めることは従業員にもメリットがたくさんあります。もちろん、何をメリットと感じるかは人それぞれですが、給料や役職が少しずつ上がっていきますし、仲の良い顧客も増えていきますから仕事が楽しくなります。

こうしたメリットを従業員に丁寧に教えていくことも大事でしょう。

Point

正社員で長期雇用という前提は崩れ、組織構造も変化している。一層、人材は流動化することを念頭に置き、長く勤めてもらうメリットを真摯に考え従業員に伝える必要がある。

17 指標

——企業は何を経営指標として定めれば良いのだろうか。増やしたほうがいいものは何だろう、減らしたほうがいいものは何だろうか。企業が負うべき数字とは何か。

「数」が力の時代がくる？——(本郷)

ＩＴ・ＡＩ時代に入れば、生産効率が飛躍的に向上するのでしょうか。従業員が減って売上が上がれば、喜ぶ経営者もいるはずです。しかし私は、**ＩＴ・ＡＩ時代にな**

って も、売上は従業員数に比例すると考えています。

こう考えたのは、デービッド・アトキンソン氏の『新・観光立国論』を読んだことがきっかけです。氏は、一定の人口以上の先進国の1人あたりGDPがあまり変わらないことを示した上で「先進国の中の順番はおおよそ、人口に左右される」と喝破しています。これは企業にも当てはまるのではないでしょうか。

●最大の経営資源は人

テクノロジーの進化で、製造へのハードルが下がっていきます。すると、スキルがなくても誰でも製造工程に携わることができます。そうであれば、従業員が多いほうが有利になると思いませんか。企業成長の必要条件は従業員数であり、従業員数をベースに一人当たりの生産性を増やせばいいという理屈になります。

もちろん従業員を増やすだけではリスクがあるので、収益の基盤をストックビジネスに置き、その上でスポットのフロービジネスを行うと事業リスクが軽減します。

ストックビジネスは定期的に収入が稼げるビジネスで、不動産賃貸はその典型です。また昨今、流行りのサブスクリプションもこの一種です。会計業界の顧問料もまたサブスクリプションの先駆的モデルと言っても良いかもしれません。しかし、ストックビジネスは、安定性は高いものの収益性は低くなります。

一方のフロービジネスは、常に新しい取引によって収益が上がっていきます。収益性は高いのですが、受注は不安定です。業種や業態によって異なりますが、私はストック7対フロー3を目標に経営してきました。

●ストックビジネスでは、顧客が先で売上が後

さらに、**顧客数も重要です。**ストックビジネスでは、顧客数を拡大することが重要です。業種の垣根がなくなっている今日、企業の強さは顧客数に比例します。

ストックビジネスでは、売上高だけを追うことは間違いでしょう。顧客が先で、売上は後。顧客数が増えれば、売上もついてきます。ですから、**私は顧客からの解約にはこだわります。**顧客の担当者は解約理由をもっともらしく書きますが、大概は自分たちに原因があります。解約数は顧客満足度の裏返しです。

数が力の時代はすでに来ています。従業員数・顧客数に、まず意識を向けてください。

Point

IT化が進んでも、最大の経営資源は人であることに変わりはない。逆に過去にもまし

て「数」が企業の力の源泉になる。まずは従業員数・顧客数に意識を向けていけば、売上は後からついてくる。

経営指標は顧客数

(佐藤)

バブル以前の経営では、売上高が何よりも重視されていたように思います。経営の評価指標は、第一が売上高。「1億より10億」「10億より100億」と、売上高が大きいことが中小企業経営者のプライオリティでしたが、バブル崩壊によって経営指標は利益額・利益率に変わりました。高利益率体質の企業が評価されるようになりました。

しかし実際のところ、バブル崩壊からの四半世紀を経て、利益を指標にした企業が勝ち抜いた例は、キーエンスのような頭抜けた高利益企業など一部に過ぎません。現実に**勝ち抜いたのは利益を追求した会社ではなく、ファーストリテイリングやソフトバンク、楽天といった売上規模を追求した企業だったように感じます。**

それでは、私の経営指標は何かと聞かれれば、売上高とも利益率とも違っています。私が経営指標に置くのは顧客数です。より具体的には、**顧客数であり商品・サービスのシェア率**です。

●業界慣習を覆しても顧客優先

まず、過度な利益の追求は、顧客の不利益につながります。自社の利益を追求するばかりにコストを抑えて、必要以上に従業員数を減らしたりサービスの質を落とせば、顧客の満足にはつながり得ないでしょう。これは顧客にリスクを負わせながら、取引を続けるということにほかなりません。**リスクは自分が負うべきです。**

ところが慣習から、顧客がリスクを負う構造になっている業界は多く残っています。私たち士業の業界もそれは同じで「良いものは高い」というのが業界の常識です。一例が相談顧問料でしょう。顧問契約を結べば、何の相談がなくても毎月定額の顧問料が発生するのが一般的です。これに対して「これまで長くまかり通ってきたからと言って、これは顧客にとってフェアと言えないのではないか?」というのが私の長年の疑問でした。

そこで、当社では2021年から「無料 de 顧問」というサービスを始めました。

名前のとおり毎月の顧問料は一切無料です。顧客は相談があるときだけ10分1000円を支払えば良いという仕組みにしています。

利益を経営指標にしていれば、このような商品はまず作りません。

●良いものを、より安く

これは何より顧客を第一に考えるということ。もちろん、会社を赤字にするわけにはいきませんので、達成すべき売上高・利益額などの数値目標はあります。しかし「良いものを、より安く提供していく」という経営の基本原則のもとで、未来に投資し、商品やサービスを開発していくことが健全な経営ではないでしょうか。私はそう思います。

Point

経営指標を利益に置いた結果、顧客にしわ寄せが生じている業界慣習はないだろうか。本来の指標は、顧客にあることを忘れてはならない。

18 価値

——企業の価値とは何か。どのような価値が顧客や社会から望まれているのだろうか。どんなビジネスにおいても永遠の課題になる、企業の価値とその作り方について考えたい。

オリジナリティのあるビジネスをつくり、安売りしない——（本郷）

経営学者の三品和広氏は、「『優位』を生まない『規模』追求は必ず徒労に終わる」と言っています。正にそのとおりだと思います。各カテゴリーや部門、地域における優位性は規模に優先します。

優位性を上げるには付加価値を上げなければなりません。付加価値のない規模の拡大は命取りです。付加価値を上げるということは、ごく単純に言えば、目的のない安売りを止めることです。付加価値経営と言うと、しばしば、本来のサービスとは違うことをして価値を付加すると考えます。しかし、ここで言う付加価値は財務の話です。付加価値とは粗利であり、粗利の改善が中小企業には待ったなしです。その前提の上で、価格競争に巻き込まれないビジネスをどのように作るかが課題となります。

ウエルシアなどのドラッグストアはその好例でしょう。単なる小売業とは違う、そのオリジナリティは2つ挙げられます。

〝見せ球〟と〝決め球〟を持つ

1つ目は粗利です。ドラッグストアは、薬や化粧品の粗利が高い。業種の垣根がなくなった今、**粗利はやはり商売の肝です。**業種より業態、業態より粗利です。粗利が低くても顧客の目を引く〝見せ球〟と、そこから派生する粗利の高い〝決め球〟の2種を持つべきです。ドラッグストアは、食品や日用雑貨を見せ球にして、薬や化粧品を決め球としている点で優れています。

ときに、自社の商品を分析すると、主力と思っていた商品が一番儲かっていないことがあります。その場合は、主力商品を〝見せ球〟にして、〝決め球〟となる別の商品を用意したほうがいいでしょう。

●オリジナリティはコンサルから

ドラッグストアの優れた点の２つ目は、コンサルティング機能を持っていることです。超高齢社会では、高齢者からの健康相談に応えられるように、ドラッグストアでもコンサルティング機能が必要になっています。コンサルティング機能を持つことで、Amazon等のＥＣとの差別化も図れます。

これからあらゆるサービス業に、コンサルティング機能は不可欠だと考えます。「オリジナリティはまずコンサルから」です。インターネット検索では出てこない稀少な情報や、一人ひとりにマッチした情報こそ付加価値になります。

商品・サービスも機能を組み合わせることで付加価値を生み出すことができます。

Point

付加価値をつけて価格競争に巻き込まれないビジネスを作る。付加価値とは粗利であり、いかに売価を上げ、コストを下げるか。そのためにはコンサルティング業務による付加価値も有効。

顧客に対する思いの強さが付加価値――（佐藤）

顧客は単一のファクターだけでは商品やサービスを判断しません。

「あのラーメン屋は遠い」「あの自動車は高い」と思われたから即座にダメだということもありません。「でも、おいしい」「でも、燃費がいい」と感じてもらった結果、選んでくださる人もいます。

近い、安い、親切……商品ごとに重視されるファクターはあるものの、顧客は機能や価格などを総合的に見て、そのバランス感から商品・サービスを選択します。ですから、注力するファクターを意図的にズラすことで差別化を図ることもできます。

まずは自社が扱う商品が、一般的にどのファクターで顧客が優先順位を付けているかを理解しましょう。そのうえで、自社はどのマーケットで、どのファクターを強めていくのかを明確にします。そうでなければ、自社の商品の価値を見失い、顧客離れにもつながりかねません。

●何もなくても電話をかける

世の中には、こうした、商品の機能や価格などで差別化を図っているビジネスもたくさんありますが、商品だけでは差別化できないビジネスもあります。

行政書士や社会保険労務士が扱う「法律」という商品はその最たるものです。法律に準じた手続きなどは、人によって異なることがありません。資格を持ち、ある程度の経験を積んでいれば、誰もが提供できる商品です。

この場合、**差別化を図る付加価値は、顧客に対する思いの強さだと私は考えています。**顧客のことを徹底的に考え、それを行動で表すことが商品の付加価値となります。

具体的な行動例を挙げれば「何の用事がなくても思い出したら電話をかけること」です。「最近、大丈夫かな」と勘を働かせ、思い立って電話をかける。

そうは言っても、勘が見事に当たるというほど、格好のいい話ではありません。「用事はないけれどちょっと気にかかって……」と電話して、「何も用事はないよ」と言われることが普通です。

しかし、こうした行動を起こすことが重要です。「顧客のことを考えている」と言う方はたくさんいますが、電話までかける人は案外いないものです。こうしたことの積み重ねで結果的に「私が困ったときに助けてくれる人」と感じていただければ、信頼関係が構築できます。

●思いで顧客満足を最大にさせる

今は「あなたが売主だから買います」という商品は、どんどん減っています。それでも人が重要なファクターとなるビジネスはたくさんあります。

人が介在する以上、顧客に対する思いは、最大の付加価値となります。

Point

用事が無くても電話をするほど顧客のことを考えること。そこまですることで信頼関係を築ける。顧客に対する思いこそ、企業の価値である。

19 集中

――経営資源で劣る中小企業が大手企業と渡り合うには、限られた経営資源の投入先が重要になる。大手企業と戦っていくためのポイントはどこにあるだろうか。マーケットのセグメントや、中小企業の勝機について。

ビジネスは局地戦

――（本郷）

個人的な意見として、中小企業が実践しやすい経営理論の一つが、マイケル・ポーターの競争の戦略です。ポーターの「3つの基本戦略」は、競争を優位に進めるためにとるべき戦略として分かりやすいものになっています。ポーターは、企業の基本戦略は「コストリーダーシップ」「差別化」「集中」の3つであると言っています。

コストリーダーシップ戦略は、幅広い顧客に対して徹底した低コスト体質を武器とする戦略です。自動車業界で例えればトヨタが挙げられます。差別化戦略とは他の企業にない特色をつくることで、業界内で独自の位置づけを図る戦略です。BMWやフェラーリなど、高価格で高品質な商品を売るメーカーなどがこの例に当たります。集中戦略とは、特定のセグメントに経営資源を集中させ、コストリーダーシップや差別化を図る戦略です。例えば、小型車に特化しているスズキです。

ポーターの考えは中小企業にとって、自社の戦略を立てる際の参考になると思います。

●集中戦略で勝つ

基本的に経営資源に劣る中小企業は、まず集中戦略を選び、次にコスト集中か差別化集中をとることになります。そもそも、業界全体を顧客対象にする、コストリーダーシップ戦略や差別化戦略は体力勝負になるため中小企業には向いていません。

一方で、集中戦略は中小企業に合っています。理由は2つあります。1つは大手企業の優位性が低いことにあります。例えば、全国に展開するビッグカンパニーが特定の地域や顧客層特有の事情にフィットさせた商品・サービスを供給できているかは疑問です。

そして2つ目が、競争相手が少ないことです。特定のセグメントには、縄張り意識やよそ者を排除していく思考が生まれます。ローカルビジネスを想像すると分かりやすいかもしれません。すると、参入障壁が高く、競合は決して多くはありません。

●局地戦に持ち込め

ビジネスは局地戦です。セグメントした地域や顧客ごとに、優位性をもって勝利していかなければなりません。局地戦であれば、中小企業にも勝機はあります。

昔から、「**戦術ミスは取り返せるが、戦略ミスは取り返せない**」と言われています。何に集中するかが戦略です。戦略を見誤らないように肝に銘じたいものです。

Point

ポーターの「3つの基本戦略」の中から、中小企業は集中戦略をとりたい。局地戦に持ち込むことで、大手にも対抗しうる勝機が見出せる。

商品・サービス別に顧客をセグメントする――（佐藤）

当社は数年前から、地域ナンバーワン戦略から商品・サービス別ナンバーワン戦略へと舵を切っています。商品・サービス別にセグメントしたマーケットの中でシェアを拡大し、ナンバーワンを目指す戦略で、そこに地域という概念はありません。

●ＩＴを通じて販売する

商品・サービス別ナンバーワン戦略では、まず商品・サービスを個別に捉えます。社会保険労務士の業務で言えば、戦略商品はマイナンバー管理、就業規則作成、助成金の申請、給与計算などがこれに当たります。さらに、ターゲット顧客を絞ります。当社の場合、中小企業向けマーケットを対象に、顧客の社員数でセグメントを分けています。

次にセグメントした各マーケットに対して施策を打つわけですが、当然ながら、地域ナンバーワン戦略とは重視するものが異なります。**「地域にこだわらない」ということは「ＩＴを通じて販売していく」ということ。**また、商品・サービス自体をＩＴ

と組み合わせる視点も必要でしょう。社会保険労務士の業務で言えば、現在はＨＲテックの企業との共存のための業務提携を積極的に行っています。

そして何より、**商品・サービスごとの強みを磨いていくことが重要**です。地域では、営業員の活動などにより、属人的に商品・サービスが選ばれますが、インターネット検索では商品・サービスの機能だけで選ばれます。ですから機能を高めることは必要不可欠です。

また、地域ナンバーワン戦略では、顧客数に限りもありますので「何でもできます」というような営業で顧客単価を上げることも必要でしょう。しかし、商品・サービス別ナンバーワン戦略では商圏は日本全国に広がります。一つでも商品・サービスを選んでいただき、質や価格の良さを感じていただく。顧客の心理的な距離感がなくなった際に、他の商品・サービスも選んでもらえば良いのです。

「まず検索」という今日では、地域別よりも商品・サービス別のマーケティングが力を発揮します。

●地域をむげにしない

ただし付け加えれば、地域ナンバーワン戦略と商品・サービス別ナンバーワン戦略は、二者択一のものではありません。業種や競合、地域の風土などにより、いずれにより重点を置くかは判断すべきでしょう。

属人的な営業による信頼の構築は、現在でも当社の大きな強みです。引き続き、訪問して関係性を構築するようなマーケティングは大切にしていきます。

Point

地域というセグメントの意味合いは過去に比べ薄れている。ＩＴを通じた販売の強化を無視することはできない。そこでは商品・サービスによるセグメントと集中が威力を発揮する。

20 連携

——ビジネスは1社で行うものではない。他社とアライアンスを組むこと、合併や買収で成長していくことも選択肢だ。連携の仕方はさまざまだ。そこに、どのような手法があるか。

オーガニックグロースか、M&Aグロースか——（本郷）

企業の成長を考えたとき、オーガニックグロースで進めるべきでしょうか、それともM&Aグロースで進めるべきでしょうか。オーガニックグロースとは、自社の経営資源のみで収益を増やす戦略です。一方のM&Aグロースとは合併や買収で他社の経営資源も取り込んで収益を増やす戦略です。

短期間に事業を伸ばすならば、M&Aグロースが早い。M&Aは言わば麻雀と同じです。麻雀では、ツモるか振り込むかで差は倍になります。M&Aは自社を強くするとともに、競争相手を弱める戦い方でもあります。

●M&Aは単純ではない

私自身、たくさんのM&Aを経験してきました。東京で規模を拡大できたのは、2002年に辻会計(当時)と合併をしたからです。また、5年という短期間で支部の多店舗展開を推進できたのは、地域の先生の事業承継をお手伝いした結果と言えます。

しかし、私の経験から言えば、M&Aはそう単純ではありません。規模は大きくなりますが、収益性を確保するためには、ひと工夫がいります。まず、営業力が求められます。単純にM&Aをしただけでは、収益が上がっても、それがピークです。しかもコストが膨らんでいますから、それ以上に売上を増やさなければなりません。また自己資金でM&Aできればいいのですが、都度、銀行に頼っていれば財務リスクが膨らむことははっきりしています。そして、M＆Aはすべてにおいて人間がからむ話です。当事者が墓場にまで持って行くような話も少なくないでしょう。

M＆Aで多くの企業を経営再建させてきた日本電産の永守重信会長は、M＆Aの注意点を3つ挙げています。

1つ目は「その会社を買ってすぐに合併したり、本社から社長を派遣しない」。基本的に、従業員も経営方針も替えずに、一緒に経営していくそうです。

2つ目は「買収する会社のブランドを残す」。元のブランドが残っていることは、買収される企業の社員にとって大きな安心感を与えると言っています。

3つ目は「再建後は基本的に本社の人間は全員引き上げる」。買収当初はさまざまに助力をしなければならないため本社から応援の人を出すそうですが、再建後は、全員本社に戻すそうです。

M＆Aでは、成果や回収を急ぐあまり、人を大量に送り込むなど、性急にやり方を変えようとしがちですから、注意したいところです。

●不戦敗だけはしてはいけない

M＆Aの時代は逆転の時代でもあります。到底追いつかないと思っていた上位企業が下位企業に抜かれることも珍しくなくなっています。ですから、手をこまねいていては、ライバル企業においていかれかねません。不戦敗だけはしてはなりません。ただし、中小企業の場合は、過度なレバレッジを期待することは避けたほうが良いと思います。

Point
短期間に事業を伸ばすならM&A。ただし、単純な足し算とならないことは注意したい。リスクも把握したうえで戦略の選択肢としたい。戦わず負けることは避ける。

ビジネスチャンスはどこにでもある――(佐藤)

1社と強い関係を築くことは比較的簡単です。その会社と長く付き合い、担当者と深い関係性を築いて入り込んでいけば、多くの仕事をもらえるようになるでしょう。
私のクライアントである多くの建設業や土木業の中小企業が、そうやって1社の下請けとして専属化をしていく様子を観察しながら、私はそれが常套手段であり、成功法則であることを学びました。

そうした会社の多くがオイルショックやバブル崩壊など、さまざまなアクシデントにより倒産していきました。太い客筋が1社ではリスクが大きいことは誰もが分かっています。しかし、顧客数を増やすことは簡単ではありません。ですから、**新規の顧客を紹介してくれる人を探し、協力を仰ぐことは重要になります。**

●共に顧客を増やし合うパートナーと提携する

例えば、私たちの場合は長らく会計事務所と組んでいました。税理士は税務、私たち行政書士・社会保険労務士は許認可と労務代行といった分担で、顧客を共有化できたからです。非常に良いパートナーでした。自分たちの持つ強みと相手の強みを組み合わせればWin-Winになるという関係は、どの業界にもあります。さらには「あそこと組めれば、マーケットを一網打尽にできる」というような相手だっています。

パートナー候補を見つけたら、交渉を始めましょう。候補が複数あれば、どの相手が自分たちにとって相性が良いのか検討することも大事です。人脈がなければ、ツテを探します。

もちろん相手が先に誰かと組んでいるなど、必ずしもうまくいくとは限りませんが、提携するパートナーを見つけ、共に顧客を増やしていくメリットは大きいでしょう。

●顧客に顧客を増やしてもらう仕組みづくり

さらに一番良いのは、**顧客が顧客を紹介してくれるかたちです。**

私は土屋ホールディングスという東証2部上場のハウスメーカーの役員に15年就いていました。土屋ホールディングスでは家を建てた顧客から、次に家を建てる顧客を紹介してもらうというシステムが機能していました。顧客が建てた家を気に入ってくれれば、まわりの方に自分の家を見せたり、自分の購入体験を伝えてくれます。これは100軒建てたら、100人の営業員がいるようなものです。ここを生かさない手はありません。土屋ホールディングスでは顧客を紹介してくれた方にインセンティブを与える仕組みを作っていました。

このようにビジネスチャンスはたくさんありますが、見落とされているものも多くあります。

Point

自社だけで顧客数を増やすより、他社や顧客との連携により顧客数を増やしていくほうが良い。どうしたらその関係を築けるか。考え、行動したい。

21 再起

――逆境からの立て直しを図らなければならないときもある。再起にはどのような打ち手があり得るのだろうか。また、早く立て直すためのポイントは何だろうか。

悪循環を断ち切る――（本郷）

古い話ですが、事業の失敗が重なり、混迷が続いた時期がありました。そして、いよいよ従業員が次々に退職していくという事態に陥りました。退職者が出てくると、職場の雰囲気は悪くなります。ましてや、毎月どんどん辞めていくような状況ですから、きわめてよくない。

あっという間に人材は流出し、新たに入ってくる従業員にも悪い雰囲気は伝わります。悪い情報は末端にまですぐに漏れていきます。人の口に戸は立てられません。

悪い流れを切るには、ときに思い切った決断も必要です。

そこで「暮れのボーナスは退職者にも出す」と発表しました。規則上は在籍者にしか払わないことになっていました。これを聞くと、ひと月に30人近くが退職していきました。だらだらと辞め続けられてしまうくらいなら、いっぺんに辞めてもらったほうが、スッキリします。約100人だった従業員は、この年に半減しました。

●会議はやらない

そこからは、いかにして立て直していくかです。3か月必死に考えた末の結論は「基本に返る」という実にシンプルなものでした。

すると、**やるべきことは営業しかありません。**そこまで決めれば、会議などをやっても意味がないと考えました。それよりも1件でも顧客を獲得したほうがいい。

私自身も陣頭指揮をとり、必死に動きました。トイレで鉢合わせた銀行の支店長にその場で**「どこか紹介してもらえませんか」**と依頼して、一件顧客を紹介してもらったこともあります。

その後も必死で一年くらい働いて、なんとか再建の目途が立ちました。

●悪くなる順番

当時の経験を踏まえると、経営の悪化には兆候があり、悪くなっていく順番があると感じます。

損益、資金繰り、人の順です。まず当然ですが損益が悪くなり、赤字になります。そして間を置いて資金繰りが悪化します。そして最後に従業員が騒ぎ出します。

当時、この3つの課題が同時に起こっていたらと思うと背筋が寒くなります。

Point

悪循環が続いているなら、思い切った決断も必要。身軽になれば立て直しに注力もできる。あとは経営者が陣頭指揮をとり、必死に動くのみ。

負けないという目標設定――（佐藤）

私がサッカーから得た学びはたくさんあります。その一つが、負けない試合をする重要性です。社会人リーグでは、勝ったり負けたりを繰り返し、最終的な勝ち点の多さを競います。

試合当日、選手全員が好調ならいいのですが、そんな日は滅多にありません。不思議なことに、不調のときは全員が不調です。そうした日は勝つことが極端に難しくなります。しかし、「負けない」ための戦い方はできます。

勝負ごとにおいて普通なら「負けない」という目標設定は立てないでしょう。ですが、私はサッカーにおいてそうした戦い方を多く経験しました。同様に**仕事や人生においても、「負けない」ということは重要です。**

●負けない経営をしながら勝つチャンスを窺う

自身の経営を振り返れば「負けない」ことを選択しなければならなかった経験はたくさんありました。むしろ、そうしたことのほうが多かったかもしれません。

日本の多くの企業では、バブル経済が崩壊して、投資の失敗が顕在化した際に、債務などの決着をつける約10年間は、長らく「負けない」経営をやらなければなりませんでした。この頃に私も同様に、「負けない」経営をせざるを得ませんでした。

「負けない」経営とは、端的には、会社をつぶさないための経営です。会社がつぶれるのは簡単で、キャッシュが回らなくなれば倒産します。キャッシュを回すということは、つまり、かかる費用以上に稼がなくてはいけないということです。

バブル崩壊後は顧客の購買意欲が低く、投資対効果は小さく、シェアは広がらず、マーケットは拡大していませんでした。こうした中で私は収支を合わせ、同時に顧客との関係を整えて、既存の事業を変化させる機会を常に探していました。

こうして「負けない」経営を10年近く続けたのち、2003年に業界の法改正があった日に東京に進出しました。

●モチベーションをコントロールする

その間の10年は決して短くありませんでしたし、モチベーションの維持も大変でした。モチベーションを維持する工夫もサッカーから学んでいました。

サッカーでは毎週日曜日には公式戦があり、月曜日には体がボロボロで動きません。火曜日には回復してきて、水曜日になると次の試合が待ち遠しい。そうして木曜日と金曜日は、サッカーのビデオや雑誌を見てモチベーションを高め、土曜日は明日のプレーをイメージする……。といったことを毎週行っていました。

こうした工夫をしてもモチベーションを上がらないときもありますし、いくら休んでも体が動かないことだってあります。それでもスポーツは毎週のサイクルがありましたから、これを繰り返すことがモチベーションアップのためのよいトレーニングになり、モチベーションをコントロールできるようになりました。

仕事においても、モチベーションが上がらないときもあるでしょう。大事なのは落ち込まないことです。不調のときがあるということもまた、ビジネスの面白さでしょう。

Point

いつも好調とは限らず、不調のときも多い。ビジネスでも同じだ。不調のときには、勝てないが負けもしないということも重要。モチベーションを維持しながら再起のチャンスを窺いたい。

第3章

経営者の姿勢
自分を育てる

22 情報

――経営判断に情報は欠かせない。情報の収集や選別にはどのような手法があり得るか。経営者として、得たい情報に出会う方法はあるか。情報の重要性について掘り下げたい。

情報に頭を下げる――（本郷）

開業当初、私は自分で開業しておきながら会計事務所というものがどんなものか正直分かりませんでした。ですから、よく同業者のセミナーに参加していました。暇だったことも否めませんが、ただ、そのおかげでさまざまな情報収集ができ、役立ったことをよく覚えています。

「セミナーを前列に座って聞く人は、後列に座って聞く人よりも成功率が高い」と、よく言われます。私もこれを実践し、できるだけ前の席で聞くようにしました。

セミナー以外にも、直接、人から聞く話も大切な情報源でした。業界誌の記者や、業界だけを回っている営業の方からの話もよく聞いていました。日本人は人がいいので、何でも話して、教えてくれます。隠し事はたいていできないものです。ですから、その気になれば、何でも学習できます。

飲み会ですら、学習の機会です。質問すれば紙ナプキンに書いて教えてくれる人もいます。本来ライバルであるはずの同業者でもお構いなしに親切に教えてくれるのですから、ありがたいものでした。

ミサワホームの創業者、三沢千代治さんは講演で言っていました。「情報に頭を下げなさい」。情報収集はそれだけ大事だということです。

●情報の価値

経営資源は、ヒト・モノ・カネ、そして情報と言われます。

しかし、情報の価値は、言われなければ分からないほど軽んじられています。**私は情報には頭を下げるだけでなく、お金を出して集めるべきだと思います。**インターネットから多くの情報が無料で得られる現代ですが、お金を払って得るものは身につき方が違ってきます。

特に経営書は役に立つ箇所がたとえ1行だったとしても、それが数千円で手に入ると考えれば安いものだと思います。

●1万円のセミナーを100万円の価値にする

同じように、得られる効果を考えれば安い情報は多々あります。

例えば、ビジネスパーソンには1日1万円のセミナーが人気でしょう。翌日から稼げるようになれば、高いとは思いません。しかし、誰もが結果が出せるわけでもありません。情報を生かせるかどうかは、やはり心構えで決まるとも言えます。

Point

セミナーや人から情報を集める。何気ない場でも、遠慮せずに聞けば親切に答えてくれるもの。

情報収集の「時間」に目を向ける――(佐藤)

情報収集とは、つまるところ時間の使い方だと言えます。

多くの経営者が顧客や取引先、同業者らと共に時間を過ごすことで収集した情報を、ビジネスに生かしているはずです。しかし、そこに充てている時間が不足していることに気が付いている経営者はあまり多くないように感じます。皆さんの情報収集における時間の「質」と「長さ」は十分でしょうか?

●交際費の使い方は適当か

同業者らとの会食や交遊を情報収集と称しているものの、現実には遊んでいるだけりというケースも少なくないと感じます。仕事の話はするけれど、結局は〝遊び仲間〟と過ごすだけの時間です。仕事と称して交際費を使って遊んでいる。

典型的なのがゴルフだと思います。「ゴルフは仕事の一環だ」「付き合いだ」と言いながら、結局のところはゴルフが好きなだけ。そうやって、必要以上にプレーする経営者は多い。「本当にあなたの仕事で年間50回もゴルフに行く必要がありますか?」と聞きたいですね。

そうした遊びを「止めたほうが良い」と言うつもりはありません。ですが、**会社でやらなければならないことがあるのなら、遊びよりも先に優先すべきではないでしょうか。**

●誰と会うか、何時間会うか

私は交際費を意図的に使っています。

理由は会食の数です。私は昼食と夕食を仕事のための会食としていて、年間600回はこれに費やします。これは信頼構築のためであり、そして情報収集のためです。

同業の事務所の先生方を呼んでの昼食会なども頻繁に行っています。そこで教わる情報は勉強になりますし、私からも情報を発信するようにしています。情報交換でお互いのビジネスが良くなれば業界全体のレベルも上がっていきます。業界全体の質が上がることで、自社の仕事の質も上がっていきます。

一方で、私は二次会には行かないと決めています。 これは開業当時、23歳の私が事業拡大を目指すために自分自身と結んだ〝契約〟です。接する時間が長ければ益な情報が得られるわけでも信頼が構築されるわけでもありません。

情報収集においても、自分の時間をコントロールする。これは今も昔も変わらず、私の経営スタイルです。

Point

情報収集の点でも、顧客や取引先、同業者との交際は有用だが、そこにかける時間は過不足のない「質」「長さ」であるかどうか。時間の使い方にも目を向けたい。

23 読書

——昔から経営者は本をよく読むとも言われる。果たして本当だろうか。読むとすれば、なぜ、そしてどのように読んでいるのか。経営者にとって読書の意義とは何か。

経営の師は、経営書と経営誌——（本郷）

休みの大半は、経営書と経営誌を読んでいます。

特に経営書からは、経営の多くのことを学びました。私が知る名経営者はほとんどの人が、本をよく読んでいます。なぜ、読むのでしょうか。それは、**本を通して他人の体験を追体験できる**からです。

追体験を深めるには、コツがあります。それは能動的に読むことです。ファーストリテイリングの柳井正会長は著書『ユニクロ思考術』で「本というものは、『自分だったらどう考えるか?』『自分の会社だったら、どのようなことが当てはまるのか?』と、常に自らと対話しながら読むものだ」と言っています。

私の場合、それに加えて、**その本の〝サビ〟を読まなければならない**と考えています。音楽がヒットするかどうかはサビの力が大きい。これは本も同じです。追体験を強烈に感じるには、著者が最も伝えたいポイントを読み解くことです。

●仮説と検証

経営は未知への挑戦です。ですから、仮説を立てて検証を繰り返します。その仮説を立てる際に、経営書による追体験が有効になります。経営書は、単なる知識や教養のためだけにあるものではありません。実行のために読むものです。追体験をして、そして実際に検証してみることです。

今すぐに検証できないこともあるでしょうが、将来「あの本に書いてあったことか」と思い出すと役に立ちます。

私も最初からこのような読み方をしていたわけではありません。従業員が少なかった頃はいくら読んでも、仮定の話でしかありませんでした。そもそも少人数のうちは、自分でほとんどのことをやらなければなりませんから、経営が要りません。ですから、読んでも実践できません。

しかし、**規模が大きくなった後に、経営書の中で出会ったような場面にぶつかることがあります。**その時、経営書は真の意味で、経営の師となるのです。

●経営の勉強会を主催する

経営ですぐに実践できない場合には、勉強会でアウトプットして頭に定着させるという方法もあります。私は20年以上、経営の勉強会を主催

過去20年以上にわたる経営勉強会の配布資料

しています。そこでのネタや配布資料として、経営誌は非常に役立ちました。私の読み方は、隅から隅まで熟読するわけではありません。目次を見て、パラパラとめくってから、大見出しに目を通す。自分なりにふるいをかけて、取捨選択をして読みたいところだけ破って取っておき、あとは捨てます。これを2、3回繰り返して、取っておく記事にはマーカーを引いて勉強会でのレジュメにするのです。

経営には、業種を問わない共通項があります。雑誌から得た学びは非常に参考になりました。

Point

経営書や経営誌では、要点を解読しながら、自身に置き換えて追体験をする。今、役に立たなくても、後に役立つことも少なくない。勉強会を開きアウトプットすることも追体験になる。

経営をよく知る人の話を聞く――（佐藤）

経営書を読むのは、もっぱら夜遅くの社内です。

そうしているのは、そのほうが効率がいいからです。皆さんも経験があると思いますが、自宅に仕事を持ち帰っても他のことに気を取られることが多いでしょう。また、できる限り仕事に集中するためにも、**私の場合は自宅を意識的に居心地の良い場所にしないように、長い間、賃貸住宅にこだわっていました。**家で読むのは新聞くらい。新聞は毎朝と、読み切れなかった分を帰宅後に読むのが日課です。

経営書は従業員がいなくなった後の会社で読みます。ただし、経営者は誰もがあえてそうやって時間をつくって経営書を読んだほうが良いとは思いません。誤解を恐れずに言えば、ビジネスをするにあたって必ずしも読書の習慣を持つべきとは限りません。

それよりも、実際に経営を成功させている人たちの話を、たくさん聞くことが重要です。

似鳥昭雄氏（左）と著者（佐藤）

●人の話をよく聞く

私のロールモデルの一人には、株式会社ニトリの創業者、似鳥昭雄さんがいます。私はニトリの社外役員に数年間就任して、似鳥さんから多くのことを学びました。似鳥さんのすごいところは、人の話を極めてよく聞くことです。そしていつも、たくさんの人たちといることが好き。ですから、たくさんの人たちから、たくさんの話を聞いています。そうやって知識を増やし、勘を磨き、本質をつかまえる力を養っていったように見えます。

人の話を聞いて、情報を得ることはとても大事です。歴史書や小説にビジネスを習う方もいますが、私はそうしたものはほとんど読みません。一方で、経営や経済界の話はたくさん聞きたい。そのほうが、より身近なだけに、実践に役立つケーススタディになります。アドバイスをしてくれる人と食事をしながら話し込む。それが私のスタイルです。中小企業の経営者にとっては、本を読むよりも、そのほうが価値は大きいかもしれません。

●読書は必須でないが情報収集は必須

ですから「絶対に本を読まなければいけない」というわけではないと思います。
もちろん、本を読むことは役に立たないと言っているわけではありません。
本を読まないのなら、それに代わる情報を得る機会をつくる必要があります。
読書は必須ではありませんが、情報収集は必須です。

Point

経営者から話を聞くことはビジネスに直結していく学びになる。積極的に時間をとるべき。

24 交流

——経営者たる者、交流する相手は選びたい。相手次第で、経営のヒントも具体的なチャンスも得られる。自身の幅を広げていく交流のポイントや注意点とは何か。

運の悪い人とは付き合わない——（本郷）

ビジネスが上手くいくかどうかは、運も大きく左右します。

運が良ければ、チャンスも増えます。運が良い人は、運が良い人同士で仲良くなりますから、さらに運が回ってきます。

一方で、運気が悪い人がいることも事実です。

しかも、運の悪い人は人を巻き込みます。一例ですが、ベンチャー企業の投資家には、人を巻き込んでいく人がいます。すると、その人の運の悪さが、周りにも影響していきます。

付き合うならば運の良い人に限ります。

松下幸之助は採用面接では、「この人は運がいいかどうか」で採否を決めたといいます。きっと顔付きや話しぶりでわかったのでしょう。福耳などは、昔からよく言われる運の良い人の例ですね。

●運を呼び込むコツ

しかし、確実に人の運気を見分けられるとは限りません。当たり前の話です。

そこで、自分自身に運気を呼び込むことが重要になってきます。運が良い人は、運の良い人と仲良くなるのではないでしょうか。

非科学的なことですが、運を呼び込むにはコツがあるような気がします。

まず、**自分は運が良いと思うこと。**自分より良い人生を送っていそうな人は山ほどいます。しかし、比較しても意味がありません。まず、自分は運が良いと思うことが大切です。

そして、**他人への文句などは言わず、ポジティブに考えるクセをつけること**なども、運を呼び込むコツだと思います。

●ネガティブな話は生産性が乏しい

ひっくり返せば、運の悪い人とは、人と比較してネガティブなことばかりを言う人です。運の良し悪しに関係なくとも、付き合っても良いことはありません。自分自身も他人の文句などネガティブなことを言わないようにしたいものです。

Point

運の良い人は周りの人にも幸運を呼び寄せ、運の悪い人は周りの人を巻き込む。付き合っていくなら運の良い人にしたい。

権限者に応援させる「ジジ殺し」——（佐藤）

私は、人と会うことが好きです。なるべくスケジュールに隙間を作らないようにして人と会い続けています。これは私が大学生で業界内のマーケティングをしていた頃から変わらないやり方です。

開業した当初は、ある不動産会社の社長に良くしていただきました。たくさんの顧客を紹介してもらい、それによって仕事を広げていくことができました。そうして、出会った多くの年配者の力を借りることで成長してきたと思っています。

当時は、まったく意識していませんでしたが、私は「ジジ殺し」だったのでしょう。

ジジ殺しとは、年上の人達に取り入って応援してもらうスキルのことです。**昔から、商売では、「ジジイを殺さないと成功できない」と言われました。**

ジジイと言っても、その意味のまま高齢者を指すのではありません。実際、先の不動産会社の社長も40代でした。もっとも当時23歳だった私にはずいぶんと年上に見えましたが。

●紹介が最大の応援

仕事に限らず、その道で有力者に応援してもらうことは成功への近道です。力を持っている人は、おおむね同じように力を持っている人を紹介してくれます。こうした縁がつながっていくと、あっという間に人脈ができていきます。

ＳＮＳの普及などから、こうしたジジ殺しのスキルは昔よりも価値が下がっているかもしれません。誰かの力を借りずとも自分自身の発信力によって、成功をつかんでいる経営者もいます。

しかし、今でも人に引き上げられることで、成長が加速していくことには変わりないでしょう。

●ジジ殺しのコツ

ではどうすれば、ジジイを殺せるか。これにはコツがあります。

礼儀正しく、接するのはもちろんのことですが、それでいて自分の意思や主張をはっきりと言うこと。そしていただいたご縁を恩としてお返しする覚悟を持つこと。これは当たり前のことですが、こうした思いを行動で表せる人は多くありません。

さらに重要なポイントは、自分の事業の夢や未来を語り、さらに「協力してほしい」としっかり伝えることです。協力を依頼すればこそ、具体的な応援にもつながってきます。

私も歳を重ねて分かるようになりましたが、経験が豊富な年配者は人を見抜く力も強く、こうした相手のささいな振る舞いの中から応援するに足る人物かどうかを測っています。

Point

権限者の応援を取り付ける能力があれば、成長に弾みがつく。特に人の紹介は、人脈を築き、自らを成長させるのに役立つ。

25 影響

――人に影響を受けたことがない人はいないはずだ。ビジネスでもさまざまな場面で他人が自分に影響を与えてくれる。苦楽を共にできる仲間や、切磋琢磨できるライバルなど。どのような人がいるだろうか。

ノウハウよりノウフー――（本郷）

ビジネスのそれぞれのステージで、誰と知り合うか。これにより、その後のビジネス展開は大きく左右されます。

ですから、ノウハウも大事ですが、ノウフー（Know Who：誰と知り合うか）は、さらに重要です。

●ライバルは2人持て

「ライバルは2人持て。1人はチーム内に。1人はチーム外に」という言葉があります。けだし名言です。

ライバルと切磋琢磨することは、自身を大きく成長させてくれます。

私の場合、起業後10年で年商は1億円ほど、従業員は約15名になり、会計事務所としての基礎ができました。他業種から見れば少ないですが、当時の会計業界ではそこそこの規模でした。それなのに、大きな壁を感じていました。それまで一生懸命さだけで成長させていましたので、**このペースを続ければ、間違いなく体を壊すという実感がありました。**

若手の同業者同士で、共同事務所構想が立ち上がり、同業者同士での勉強会が始まったのはその頃です。壁にぶつかっていた私は、すぐさまその勉強会に参加しました。そこで出会ったメンバーと勉強したことが、たいへん役立ちました。

●思わぬ人に助けられる

結果として、私は新しい事業に取り組むことになりました。

それが相続対策です。今では業界の常識ですが、当時は相続税に関連する業務は申告だけでした。相続の事前対策を提案するという方法は、勉強会のメンバーから教わりました。

当時は意識しませんでしたが、これこそ営業戦略でした。時代のニーズをとらえた営業戦略と商品があれば、自然と事務所も成長していきます。開業10年目の私は無知で、マーケティングという言葉もメンバーに教えられて初めて知り、そしてそのおかげで売上も従業員も増やすことができました。**勉強会のメンバーは友人ではありますが、同業ですからライバルでもあります。**お互いに意識をしてがんばりました。

思うと現れるものだと、理屈でなしに実感しています。

Point

知り合う人が自分を磨いてくれる。同業者の仲間は友人にもなるがライバルでもある。互いを意識することでがんばれる。

正しい批判をしてくれる仲間を持て――（佐藤）

私は、２つの経営者の会に所属しています。それぞれ異業種の経営者が集う交流会です。

同業の業界団体に属していたこともありましたが、業界を良くするためには自分の会社のマネジメントやマーケティングに専念したほうが良いだろうという考えから48歳で引退しました。

私がはじめて交流会に入会した１９８０年代当時は、異業種交流が流行っていました。交流会では異業種の経営の長所を知り、今後の経営のヒントにできるという利点がありました。

●欠点を突き合う

私が所属する2つの会はいずれも私にとって重要なものですが、それぞれの性格は大きく異なります。

一方は和を尊び、互いに褒めたたえ合うような会ですが、もう一方は異なります。

「初代会」という会で、創業経営者しか入会できません。初代会では、毎回会員同士が互いのビジネスや、あるいは私生活での姿勢に至るまであけすけで辛辣に批判し合います。

私も新しいビジネスモデルを発表した際に、言葉を選ばぬ批判を受けて、腹を立てたことがあります。ですが、その指摘自体は正しい。それに気がついてビジネスモデルを修正しました。

こうした、**正しい批判を受ける機会を持たないと、経営者は過度な自信におぼれていきます。**特に、会社が成長するほど、周囲から批判する人は減っていきます。慢心を戒めてくれる仕組みを、あえてつくることも経営者には必要でしょう。

●批判と真剣に向き合う

初代会の中には東証一部に上場した方が3人もいます。

最初の上場企業が生まれてから「あいつが上場できるなら、俺だって」と、他の会員にも火がつき、次々と上場していきました。

会員は20人足らずですが、そのうちの半数が上場を果たしています。家具のニトリホールディングス、調剤薬局のアインホールディングス、学習塾の進学会など。私も

株式会社エコミックは2006年に札幌証券取引所アンビシャス市場に上場した

おかげさまで、人材派遣のキャリアバンク、給与計算のエコミックの2社を上場させることができました。上場していないのは、医者や税理士などの株式を持たない組織ですが、皆が地域で一番大きくなるなどの成功を果たしています。

この会は〝聖域〟がなく、何でも批判しあう会ですが、何でも言い合える仲良しが集まったものではありません。互いに批判し合いながらも35年以上、会は続いています。そこには互いへのリスペクトがあります。

Point

欠点について遠慮なく批判し合える仲間を持つ。成長するほど批判してくれる相手は減ってくる。リスペクトがあれば批判しても関係は続く。

26 怠慢

——人は易きに流れる、という言葉もあるように、楽をしがちだ。従業員も経営者自身も考えや行動の基準が安易な方へと向かっていないだろうか。どのように対処すべきか。

人間の本能の逆を行く——（本郷）

税理士業界では、「資格を取ってからが本当の勝負」という言葉がよく聞かれます。裏返せば、資格取得を目的にして、そこで止まっている人がいかに多いかということです。これと同じように世の中で広く、大きく言われていることは、それだけできていないということだと思います。

経営では、しばしば「顧客第一」という言葉が掲げられます。本音は「自分第一」です。人間が自分第一に考えるものだからこそ、あえて顧客第一と掲げなければならないのでしょう。顧客第一を優先して、顧客サービスを追求したり、無理に価格を下げたりすれば、自社の利益を圧迫します。一方で、自社の利益を追求すれば顧客は遠ざかっていきます。

経営には、こうしたさまざまな矛盾が生じます。

●経営者でも憂鬱なときはある

そもそも人間には本来、楽をしたいという基本的な性質があります。日曜日の夜に「明日は会社か……」と思う人は少なくないでしょう。私も同じです。経営者でも憂鬱なときはあります。

従業員の数が増えるほど、その中に手を抜いて楽をしたいと考える人も増えます。そうした人たちにも、気持ちよく働いてもらわなければなりません。**怠け心は誰にでもあることを前提に、会社運営の仕組みを考える必要があります。**

●道具に頼ることで楽をする

私たちが「仕事」だと思っているうちのかなりの部分は「作業」であることが多い。そして、作業の大部分は今後、機械に置き換わることでしょう。

現在は、多くのＩＴツールが巷にあふれています。そこに投資をすることで、生産性は向上します。すると、従業員の仕事がＩＴに置き換えられますので、結果的に従業員にゆとりが生まれます。

しかし、ＩＴにあまり高い期待をかけることは要注意です。道具を使うようで、道具に使われてしまうという落とし穴もあります。楽をしたいという本能を満たしたいのに、道具に使われて四苦八苦するのでは本末転倒です。

Point

人間の本能は楽をしたい性質があると考える。経営はそもそも、本能とは逆のことを進めていかなければならない。本能を織り込んだ仕組み作りとして道具（ＩＴ）の導入を検討するのも一つの手だ。

年上から年下に人脈を切り替える――（佐藤）

経営を始めて歳を重ねると、いつしか新しい知識や経験を得る機会が減っていきます。長い期間、同じ人脈の中で交流を続けていれば、こうしたことが起こります。多くの中小企業は、このような怠慢が原因となって成長が止まります。

●若い人から情報を得る

ですから、ある時点から経営者は、交流する相手を自分より年下に求めていかなければなりません。

それまで交流していた人脈とは時間を割かなくても、十分な信頼は築かれているはずです。ですから、空いた時間を、若い人たちとの交流に充てるように行動を切り替えるのです。

若い人たちは新しい情報を持っています。ＩＴなどの新しいツールや利用法、新しいマーケットと戦術、ネットワークづくりなど。その中には自分の知らない情報がたくさんあるはずです。そして、自社のリソースと掛け合わせると効果が大きいものもたくさんあります。

これを見落とさないようにすることで、引き続き、新しいビジネスを手掛けられるようになるでしょう。

●上の人から受けた恩を下の人に返していく

ただし、若者との交流をストレスに感じる人も多いはずです。

初めのうちは相手が話す内容どころか言葉自体が分からないことすらあります。

年上の人と付き合っていればイニシアティブは向こうが取ってくれました。若い人と付き合えば、イニシアティブはこちら側で取る必要があります。この点でも、年下との交流には負担があるかもしれません。

しかし、**人脈の切り替えは成長を止めないためにも必要です**。私は50歳になって人脈を切り替えるようにしました。年下の相手は、言わば過去の自分。相手も自分が若かった頃のように、経験や人脈を得たいと考えています。

ですから昔、年上の先輩方にしていただいたように、今度は自分が、知識や経験を伝えるようにしなければならないと考えています。それもまた恩返しになると思います。

Point

年上から得られるものは経験や人脈であり、年下から得られるものは情報。成長を続けるためには、ある時期に怠慢を乗り越え、年上から年下に人脈を切り替えていくことも重要。

27 契機

——内部から湧き出る意欲以外にも、外部からも刺激を受けて、相乗効果で成長を果たしていきたい。どのような物事が成長し続けるための糧になっていくだろう。

屈辱は成長のバネ——（本郷）

「屈辱は成長のバネ」という言葉を聞いたことがある方は多いでしょう。私にも経験があります。

開業から数年が経ち、仲が良かった同業者と話をした際のことです。その方は、事務所の二代目でしたから、すでにそれなりの規模でした。その相手から次のように言われました。

「今はビジネス環境が悪いから一生やっても、ウチくらいには大きくならないよ」

これは私を馬鹿にして言った言葉ではないのです。大変でしょう、という同情の気持ちだったと思います。

しかし、言われた側にとっては屈辱でした。黙って聞いていましたが、内心は「冗談じゃない」と思っていました。今でも忘れられません。

●「お客が少ないね」と言われる屈辱

もう一つ、忘れられない思い出があります。

ある会社の経理部の方から、「本郷さん、顧問先は何件あるの?」と聞かれました。私は見栄を張って、少し多めに答えました。返ってきた言葉は、

「少ないね」

というものでした。

イチから開業をすると、こうした悔しい思いを頻繁に経験することになるでしょょ

う。顧客へのプレゼンテーションひとつとっても、自分自身では「良いプレゼンができた」と思っても、顧客はプレゼンテーションの内容ではなく、私のバックグラウンドや組織の規模などを見て判断します。

●悔しさの積数が成長に比例

しかし今では、それらの経験に感謝をしています。闘志に火をつけてくれたおかげでがんばることができたのですから。

私自身は、案外、褒められたときのほうが調子がわるいように思います。ある程度の規模になっておだてられてしまうと、ダメなんですね。

悔しい思いをしたほうが良い。悔しさの積数が、成長に比例していきます。

Point

屈辱的な経験も、経営者は成功の糧にしたい。怒りや悔しさも行動の原動力になる。

失敗は成長のバネ――（佐藤）

私の場合、**自分の失敗を、バネにして成長することが多かったと思います。**過去には、油断していたり、能力や経験が乏しかったりしたせいで、うまくいかなかったこともありました。そういった失敗について、二度と同じ轍は踏むまいと固く自分に誓って守ってきました。

●同じ失敗を二度としないと誓う

それは25歳の頃でした。当時、仲良く遊んでいた友人がいました。よく一緒にボーリングなどに行ったものです。

彼は別の会社で経理の仕事をしていました。そこで、私はある日「私の仕事を手伝ってくれないだろうか？」と誘い、彼はうちの事務所で働いてくれることになりました。

ところが、いざ働いてもらうと、サボるのです。そのような行動が目立ちました。彼がそのような態度をとった理由の一つは、もともと私と友人関係にあったため、雇用関係にあるという認識が薄かったからです。

私は彼をクビにすることにしました。こうして大事な友人を一人失いました。今でも無念に思っています。

「こんな失敗は二度としない」と私は自分に誓い、それ以来、友人を採用しないと決めました。頼まれても、縁故で採用することもしていません。

●人間は同じ失敗を繰り返す

実際のところは、採用において友人・知人を排除することについては、そこまでこだわらなくてもいいことだと思います。

一部上場まで行き着いた友人の会社は、奥様が経理担当で副社長です。もちろんそれだけの能力がある方です。あるいは親族や、大学の友人たちを役員に入れていたり、友人に頼まれてその子どもを入社させていたりするなど、友人・知人を入社させている会社はいくらでもあります。

ですから私が「友人を採用しない」と決めているのは、それがうまくいかないからではなく同じ失敗を繰り返さないためです。そのために自分のルールの一つとしています。こうしたルールは他にもいくつかあります。**人間はミスをします。それも同じ**

ミスを何度も起こします。ゴルフをやる方はよく分かるでしょう。グリーンの近くで「絶対にダフらない！」と思っていてもダフる。私もゴルフではミスばかりです。

だからこそ少なくとも仕事では、二度と同じ失敗をしないことを固く誓っています。

Point

人間は同じ失敗を繰り返しやすいもの。だからこそ、二度と繰り返さないように強く心に誓わなければならない。

28 不安

——ビジネスには常に不安がつきまとう。大なり小なり、課題のない企業はない。しかし、居心地の良い立場や環境に身を置いていてはいけないのだろうか。経営者は不安といかに付き合うべきか。

敵は自分自身——（本郷）

どの大企業も、昔は中小零細企業でした。だから、大企業になるチャンスはどの会社にもあるということになります。しかし、大企業の数は日本の会社全体の１％もありません。中小零細企業が圧倒的多数を占めます。

つまり、中小零細企業から大企業に発展した例は非常に少ないのです。

では、ほとんどの会社が、そこまで発展させられない理由は何でしょうか。

私は、会社を大きくできない理由は経営者自身の中にあると考えています。**企業にとって本当の敵は、ライバル会社ではなく自分自身です。**

●昼寝をしないウサギになれ

イソップ童話の『ウサギとカメ』では、ウサギは足が速いことに慢心したために昼寝をして負けてしまいました。つまり、昼寝をしなければ勝てたわけです。

企業も成長してくると居心地が良くなり、それ以上はがんばらなくなります。その場所で安住してしまう経営者は多い。

事業を発展させたいのなら、安住してはいけません。ビジネスでは、安定は衰退を意味します。

「安定は情熱を欠き、不安は情熱を掻き立てる」という言葉があります。

不安に身を置き続けることが、成長と発展のコツです。

●目標設定は数値化する

あえて不安に身を置き続けるための方法の一つは、少し高めの目標を設定することです。無理をしなければクリアできないとなれば、緊張が生まれ自ずと工夫をすることになります。

ここで注意したいのが、目標は具体的な数値に落とし込む必要があるということです。私の場合、ちょっと無理をすれば達成できる数字は2割だと考えています。例えば、新規顧客獲得2割増、解約2割減、生産性2割増……という具合です。

曖昧な目標は従業員にとって情熱を掻き立てる不安にはなり得ません。

目標に向かって闇雲に走り出しては、従業員も経営者自身も疲れるだけです。休むことはできないけれど疲れないペースの、走り方を考えることも経営者の大きな仕事です。

決して一時的な成功に安住せずに、前へ進むこと。しかも、歩くのではなく、走ること。そして、走り続けること。**企業は昼寝をしないウサギでなければならないのです。**

Point

一定の成功を収めたからと言って安住していればすぐにライバルに追い越される。ライバルは自分自身。少し高めの目標を設定し、情熱を掻き立て、常に成長し続けたい。

現場を離れる勇気 ——（佐藤）

私が今まで行った決断の中で一番難しかったことは、マネジメントに専念するために現場を離れることでした。

開業してしばらくは私自身が仕事のすべてを把握し業務の専門性においても私が優れていました。士業の先生をはじめ、専門性を持って仕事をする方はほとんどが同じような体制でしょう。

当時はそうした体制により顧客も増え、従業員もついてきてくれました。それが、M&Aを行ったことで企業規模が拡大し「これからはマネジメントに専念しなければならない」と考えるに至りました。

そこで、私が経営をする上でもっとも拠り所としていた「現場」を離れることに決めました。私が担当していた顧客は、従業員に引き継ぎました。

●未知数の仕事に切り替える

マネジメントという仕事には、マーケティングや人材教育、経営戦略など、さまざまな仕事が含まれます。どれもうまくできるかどうかは未知数。自分に才能があるかどうかも分かりません。正直「大丈夫だろうか」という不安もありました。

ところがやってみると、**私が現場を離れたところで、顧客が離れていくということはありませんでした。**私が組織からいなくなるわけではありませんし、もしも担当者では手に負えない案件が出てくれば、私に相談してくれればいいだけのことだったからです。

●専門性はなくならない

現実には、マネジメントに徹すると決めてから、現場のことはどんどん分からなくなっていきました。今は資格者として作成する書類の作成もおぼつきません。

とはいえ、実際は今でも法律の内容や業務についての詳細は会社の他の誰よりも顧客に説明できます。

その理由は日々のマネジメントを行う中で一段上の目線から自分たちがどんな法律と関わり、どのようなサービスを提供していくかを常に検討しているからです。

現場を離れても、専門性は失いません。

得意だったことを捨てることは勇気がいるでしょう。ですが、変化をせずには成長はありません。

Point

実務を捨て、自分の仕事をマネジメントに切り替えるのは難しい決断で不安でもある。

しかし、マネジメント無しに成長は難しい。

29 後継

——後継者選びや育成に頭を悩ませる経営者は多い。それどころか後継者の目当てのない企業も決して少なくないだろう。後継者問題について認識したい点や、承継を上手く進めていく方法について。

後継者が豊かでないと事業承継につまずく——（本郷）

後継者の育成は、経営者には頭の痛い問題です。
特に、中小企業では同族経営が多いものです。同族経営での後継者育成を見ている

辻・本郷 税理士法人のエントランス

と、先代の手離れがわるく次の代へ権限委譲しないケースが実に多くなっています。

最後まで、自分がスーパースターのままでいたいと考える経営者は少なくないように感じます。そして、その理由を「人材がいないから（自分がやらざるを得ない）」だと話します。私に言わせれば、**自分がお山の大将でいたいから人材を育てていない**だけのことです。

後継者には、どんどん挑戦させたほうがいい。失敗したときのリスクばかりを心配しがちですが、経営を危うくするような致命的なリスクが起きない限りは、やらせたほうがいいでしょう。吉田松陰の松下村塾から、幕末・明治の指導者が数多く輩出されました。これは「行動学」を事例研究していたからです。松下村塾はアメリカのビジネススクールのように、具体的なケーススタディで、いかに行動すべきかを考えさせたからこそ、優秀な人材が育っていきました。

●事業承継への壁

一方、後継者の懐具合を豊かにしなければ事業承継ができないことも、経営者は認識しておくべきです。そうしないと、自社株の買い取りも、相続税も払えないという事態が生じます。

事業承継に接していて、**いつも気になることは後継者にお金がないことです。**後継者のキャッシュフローがお粗末なケースが多く、いつも驚かされます。

ある会社では、無理な仕入れがあって調べてみると二代目にバックマージンを払っていたということがありました。これは極端なケースかもしれませんが、後継者のお金が十分でないとこのような問題も起こり得ます。

素晴らしい経営者に限って、後継者に厳しいケースもあります。「平社員からやらせる」と公言して、実際にそこからスタートさせます。これは一つの考え方なので、それはそれで構いません。しかし、そうなれば給料も会社の規定通りで、他の従業員と同額しか支払えません。すると、後継者に十分なキャッシュが流れていかないことになります。

事業承継にあたって、後継者が個人で自社株を買い取らなければならないとき、ここに難が生じてくるのです。

●後継者も豊かに

これを解決するためには、給料をできるだけ高くするというのは、最も基本的な方法でしょう。もし、会社の規定で難しければ、別途、贈与や関係会社の報酬などで手当てをする方法もあります。また、人脈を広げてもらう意味でも、交際費などの枠もある程度認めることも必要です。

方法はさまざまですが、まずは後継者を豊かにしないと事業承継もままならないことを経営者は認識しておくことが一番です。

Point

経営を危うくさせない限り、後継者にはどんどん挑戦させる。挑戦で人は成長する。また一方で、後継者のキャッシュフローにも気を払っておかないと事業承継時につまずくこともある。

偽りの自己実現より後継者育成――（佐藤）

中小企業で、従業員の中から後継者が選ばれたという話は滅多に聞きません。それも当然の話で、そもそも従業員を後継者として育てたり、経験値も積ませていない。「俺の言うとおりにやってろ」という中小企業の経営者が多い。つまりナンバーツーしか育てていないのです。

結果として、中小企業の多くの経営者は、自分の息子や娘、娘婿などの親族らが継ぐことしか想定できない状況になっています。

●家業でも魅力的でなければ後は継がない

では、親族が事業を継ぐかと言えば、そうではないことは容易に分かるでしょう。職業選択の範囲は、昔よりも広がっています。家業よりも魅力的な仕事は他にたくさんあり得ます。

今、子どもが親の職業を継ぐケースは、会社員をやるよりもずっと割りが良いと思えるケースだけでしょう。例えば、長年売れ続けているヒット商品がある場合です。

経営者の能力があまり高くなくても、たいした努力をしなくても、着々と売れる商品やサービスを持っているなら、ほかの企業に勤めるよりも家業を継ぎたいと考えるはずです。

会社員なら年収1000万円に到達するまで20年かかっても不思議ではありません。それが家業を継げば、すぐに年収1000万円稼げるとなれば、そちらを選ぶことでしょう。

職業も企業も多種多様です。まず、自社が他社よりも魅力的であるようにしていく必要があります。

●後継者にとって都合の良い企業作り

しかし多くの経営者が自社を魅力的にする努力を怠っている現実があります。言わば、多くの経営者が〝偽りの自己実現〟に力を傾け過ぎています。

一例として、業界団体などに属して、年を重ねるにつれて役職のステップアップを図っていく経営者は少なくありません。団体活動を一生懸命やれば、幹事や理事から、副会長、会長などと順当にステップアップできるでしょう。ですが、これは本当にやりたかったことでしょうか。

私から言わせれば、これは成長欲求や自己実現の〝疑似体験〟に過ぎません。そういうことに時間を費やしたがために、いよいよ事業承継を考えるときになって後継者が育っていないという事態に陥るのです。

〝偽りの自己実現〟に力を傾けているのは創業者だけに限りません。若いうちに親から事業を継ぎ、難なく果実を得た経営者が「若いのに大したものだ。一国一城の主で、親の後もちゃんと継いで――」と褒めそやされて、ろくに目標を設定せずに仕事をしている例もあります。企業の成長を疎かにするわりに、自分は高級車に乗っているという経営者も少なくない。「うちの社長がベンツに乗っているのは、私の誇りです」なんて言う従業員は一人もいません。

〝偽りの自己実現〟に時間を費やすくらいなら、自分の事業をもっと伸ばしたり、改善したりしていくことに使ったほうが良い。そして自分の技術や経験を誰かに伝える努力をしなければなりません。自分にとってではなく、後継者にとって都合の良い企業作りを忘れてはならないのです。

Point

経営者が〝偽りの自己実現〟にかまけた結果、後継者の育成も、企業の成長も中途半端になっている例は多い。後継者にとって魅力的な企業であるように成長させなければならない。

30 生活

――経営者はプライベートをどのように過ごしているだろうか。家族や趣味などの時間とは。経営者としてのプライベートの時間の過ごし方を、どのように考えていくか。

趣味はビジネス、仕事は道楽――（本郷）

多趣味を自慢する人は、起業に向いていないと思います。

長年、多くの経営者を見てきましたが、業績を上げる経営者は、いつでもどこでも経営のことを考えています。枕元までメモ帳を置いている経営者もいます。

優れた経営者の条件の一つは、仕事について考えている時間が、人に比べてとにかく長いことが挙げられます。

マクドナルドの創業者、レイ・クロックは言っています。

「『仕事ばかりして遊ばなければ人間駄目になる』という格言があるが、私はこれには同意しない。なぜなら、私にとっては、仕事が遊びそのものだったからだ。野球をして得るのと変わらない喜びを仕事からも得ていたのである」

●趣味がないならば

鹿島建設の四代目社長である鹿島守之助も名経営者の一人です。

ある日、人が守之助に「趣味がないのですが」と言ったところ、彼は次のように答えたと言われています。「ならば、仕事を道楽にすればいい」。

私も趣味がなかった一人です。ゴルフもやりませんし、海外に行っても、観光に興味があるわけでもありません。読書は好きでしたので、若い頃は「趣味は読書です」と答えていました。

しかし、その後に体を壊して入院したとき、「たくさん本が読める」と張り切りましたが、毎日のように本を読んでいると嫌になってきました。それからは、「無趣味です」と答えることも少なくありません。

●徹底的にやる

守之助のエピソードを聞いたときは、私自身はとても「仕事が道楽」と言えるまで達していないと感じました。しかし今は、「趣味はビジネス」と言えるくらいには辿り着いたように感じています。

休みをとらなかった開業当初の10年はもとより、その後もただひたすら仕事をしてきたように思うからです。

「仕事が遊びそのものだった」と言うレイ・クロックも、「仕事を道楽に」と言う鹿島守之助も、根本のメッセージは同じでしょう。**やると決めたら徹底的にやる**ということです。

そのくらいの覚悟がなければ、起業してはいけないと言えます。別に起業してなくても、幸せな人生はいくらでもありますから。

Point

趣味の有無は経営には関係ない。仕事を趣味、さらには道楽にしていくほど徹底的にやってこそ成功がある。

趣味と仕事をつなげる――（佐藤）

私の趣味はいろいろあります。

海外旅行もその一つです。私はオリンピックとサッカーワールドカップには現地観戦に行くことにしています。ですから都合2年に1回は大きな海外旅行をします。各試合会場が離れていることも多く、移動時間が長いのですが楽しいものです。

また、妻とは世界各地のアマンリゾートに行くという目標があります。これもだいたい不便な場所にありますが、楽しみにしていることの一つです。

私はもともと海外で仕事をしたいと思っていました。海外旅行での経験や、そこで知った日本という国の良さも悪さも、すべて経営に生かしています。中国の青島など、今では実際に海外で仕事もしています。

●従業員を誘うレクリエーションは一石三鳥

スポーツは観戦だけでなく、自分でも体を動かして楽しんでいます。休日は従業員の皆さんとのレクリエーションの時間に充て、さまざまなスポーツをしています。

先週はゴルフ、今週は登山、来週はラフティング、シーズンによってはトレッキング、パークゴルフ、スキー……という具合に目白押しです。

これは私自身が好きだからやっていることですが、会社で主催して従業員を誘っています。私自身も楽しめて、従業員との関係も深められて、従業員は新しいことに挑戦するチャンス。

従業員を誘ってのレクリエーションは、一石三鳥にもなります。

●ケガのないスポーツはない

一方でスポーツにはケガもつきものです。

私は特にサッカーが好きです。若い頃は大きなケガをせずにいましたが、歳をとってくるとケガもするようになりました。

つい昨年は、骨折の一歩手前というケガをして、治るまでの1カ月間は松葉杖をついていました。捻挫や肉離れなど、他にもいろいろなケガがあります。

ケガのリスクがあることはスキーなどの他のスポーツも同じです。ですが、だからと言ってスポーツを控えようとは考えません。

そもそもスポーツはケガをしないで楽しめるものではない。リスクがあって初めてスポーツだと言えます。

仕事も同じです。リスクがあって初めて仕事。世の中にリスクのないものはありません。リスクを先んじることができる人が成功ができるのです。

Point

趣味も仕事につなげること。スポーツの場合、ケガのリスクもあるが、それも当然。何事にもリスクがあるということは、仕事でも同じ。リスクを踏まえて、動きたい。

31 展望

――何歳まで働くか。起業するのに適した年齢はあるか。長い人生を踏まえて、この先を見据えた、一人のビジネスパーソンとして、経営者はどのような展望を描いていくべきか。

人生のピークを尻上がりにする――（本郷）

若い頃に、「運をつかむには長生きすること」と教えられたことがあります。長く生きるだけでつかめるチャンスは、確かにあると実感します。

というのも、若い頃から、得意分野をコツコツと勉強し続けていれば、知識や経験が積み重なります。その知識や経験が、周りの人たちに求められることで、人の役に立つ。すると、その対価として、お金が支払われます。

健康に長生きをしていくことで、運はつかめます。健康でなければ良い仕事ができないどころか、仕事すらできません。

●Every day is still Day One

私は70歳になった節目の年に、新しいビジネスを起ち上げました。

若い頃の起業と、年を経てからの起業では、大きな違いがあります。

まず、若い頃ほどアクティブには動けません。「俺についてこい」というように、先導していくことも難しい。若さにはその特権があります。

また、ハングリー精神もなくなっています。これも弱みです。初めて起業した頃は、コネも金も知恵も無いという状況でしたが、ハングリー精神だけはありました。それをテコにして、40年やってこられました。

今は、アクティブに動けず、ハングリー精神もない。ないこと尽くしです。しかし、40年間で積み重ねた有形・無形の経営資産があります。

これを基に、新しいビジネスの出発ができました。

何事も遅すぎるということはないでしょう。

「Every day is still Day One（いつも、まだ1歩目）」です。

●定年を考えない

起業するに遅すぎるということはありません。定年は自分で決めればいいことです。人生を尻すぼみにさせることなく、人生のピークを尻上がりにさせることを目指しましょう。

Point

何事も始めるに遅すぎるということはない。失っているものもあるが、得てきたものもある。人生のピークを未来に置くことは何歳になっても可能だ。

辞めどきは自分で決める——（佐藤）

私が今、20代だったら、必ずビジネスを始めますね。

なぜなら、今の時代はリスクがゼロだからです。

今日、銀行にはさまざまな制度融資があり、担保も過去に比べれば強く要求されません。事業計画さえ作れれば、ベンチャーキャピタルや個人投資家などから、資金集めができる環境になっています。上場までしなくても、途中でイグジットして利益を得ることもできますし、万が一の際の、自己破産についても法で整備されています。

今はリスクを負わずにビジネスが始められる時代です。

●社長は常識にとらわれる必要もない

もちろん経営者になれば従業員だったころにはなかった問題もたくさん降りかかります。良いことばかりではありませんからストレスは大きくかかります。

しかし、企業に勤めていても、自由に行動できず、難しい稟議を書き、人間関係にも悩み、フラストレーションばかり。

それに比べれば、自分でビジネスを起こせばあとは自由なものです。

経営者は仕事の辞めどきも自分で決められます。辞めどきはビジネスの問題に立ち向かっていく体力と気力が落ちていったときに判断すればいい。

世の中の常識にとらわれる必要はありません。

●歳をとってからでもビジネスを

「私が今、20代だったら」と言いましたが、私は歳をとってからでもビジネスを始めることを勧めたいと思います。

歳をとってからのビジネスにはメリットがあります。

私は現在68歳ですが、68歳で仕事をやっているのは社長や会長くらいなものです。それ以外は皆が年下。知事も市長も、官庁の局長も、銀行の頭取も全員が年下になります。ですから、どこにいっても気後れしない。それでいて現役世代と同じ仕事ができれば、仕事は楽しい。

また、年齢だけではなく、知識や経験、見識という部分でも自分のほうが積み重ねてきたものがあることでしょう。

60歳や65歳で、リタイアするのは、早すぎるのではないでしょうか？　長く働けるなら長く働いたほうがいい。

仕事の辞めどきを選べるというのは、中小企業の経営者の最大のメリットだと思います。

Point

中小企業の経営者の最大のメリットは辞めどきを自分で決められること。現代は起業リスクも低い。歳をとってからも、展望を持って起業することを勧めたい。

第4章

対談
令和の
中小企業経営

第4章　対談　令和の中小企業経営

本郷孔洋（辻・本郷グループ会長）
佐藤良雄（SATOグループ代表）
ファシリテーター　榊原　陸（『FIVE STAR MAGAZINE』編集長）
構成　三坂　輝

中小企業の実態を見てきて

——お二人とも若い頃は特に、お客様である中小企業に向き合う機会が多かったと思います。中小企業の経営をどのようにとらえていらっしゃいますか？

佐藤：私は今でも、中小企業が大好きです。現在は大企業マーケットにも手を広げていますが、お客様は中小企業から始まっており、２０２０年からは、また中小企業向けのマーケティングに全力をあげています。

本郷：うちのお客様も99％が中小企業。おかげでご飯を食べさせてもらっていますので、足を向けては寝られませんよね。

――そうした中小企業の経営者にはどんな方が多いでしょうか。

本郷：私は規模で分けるとすれば、売上高が1億、10億、100億、1千億と分けています。中小企業は、やはり10億円くらいまでがボリュームゾーンだと思います。そのうえでどのような経営者が多いかと言えば、**皆さん、ご自分の仕事が好きですよね。**起業の動機が「好き」ということから始まっていますから。例えば、イタリアンのシェフだとすれば、店に入って腕を磨いて、自分の料理を食べてほしいと思って独立していきます。裏を読めば、起業後に規模を大きくするということに興味がある人は少ないですね。

佐藤：やはり皆、自分の得意なことで食べていきたいと考えるから、嫌いなことはやりません。「ご自分の仕事が好きですか？」と聞けば、皆さん口をそろえて「好きだ」と答えるか「これしかできない」と答えます。これは、士業の世界においても同じです。

本郷：うちの事務所の税理士も一緒。皆、税務が好きですよ。30年以上も前から付き

合う同業者の友人たちも、集まると今でも税金の話をしています。

――士業でも、お二人のように規模を大きくしている事務所は少ないですよね。

佐藤：どの業種でも同じだと思いますが、中小企業の9割は成長しないと言っていいでしょう。**家族を食べさせるために仕事をしている人たちが大部分だと思います。**「より良い仕事をして、組織も大きくしたい」と夢を語る経営者は多い。けれども20代で開業したのに70代になっても夫婦2人と子供だけで働いている、みたいな会社が多いのも事実です。自身は「チャンスがなかったから大きくなっていないだけだ」と思っているでしょうけれども。私は開業時から規模一番を目指し、家業ではなく事業として仕事に取り組んできた〝確信犯〟なので、規模は拡大しました。

本郷：人を通じて行うことがビジネス。だから、例えば奥さんと2人でやっている仕事は、ビジネスとは呼べないのではないでしょうか。ビジネスとして成長させていくには、人を介して事業を行わなければなりません。製造業はまだしも、サービス業の場合は特に人が行うものですから、その日ごとに気分や調子が違っていて難しいですよね。経営者もそうでしょう？　朝、奥様と喧嘩したせいで出社してから部下に怒ったりするわけですよ。部下はなぜ怒られているのかも分かりません（笑）。

令和は起業しやすい時代か

――本郷先生は1977年に独立開業されましたが、当時と現在とを比べ、ビジネスを取り巻く環境はどのように変わっていると感じていますか？

本郷：当時は大卒社員の初任給も10年で10倍になっていくような時代でした。それは、多くの会社で一様に業績が伸びたということを意味します。つまり、あまり頭で考える必要がなかった時代だったと言えます。ですから商売は、昭和は上り坂でした。それが平成になって横ばいになり、令和は下り坂になっていきます。**昭和の時代**

は努力すれば何とかなる時代でしたが、令和の時代は努力に嘘をつかれます。そうした時代にビジネスをするとなると、私たちが経営を始めたときよりも、やはり知恵が必要になると思います。

――景気という追い風がなくなり、努力と結果が結びつかないということですね。

本郷：もう一つ大きな違いがあって、現在はライバルも優秀なんですよ。私たちの頃の経営者はインテリが少なかったですからね。佐藤さんと交流の深いニトリの似鳥昭雄さんにしても叩き上げ。ところが今は、ハーバード大学卒とか、東京大学卒の経営者が増えています。昔は東大を出た人間はだいたい仕事をしなかったものです（笑）。だから馬車馬のごとく働けばなんとなく勝っていけたけれど、今は大変ですね。理数系の頭でビジネスをやられたら勝てません。そういう意味では、開業したのが今の時代じゃなくて良かったと思うほどです。

――佐藤代表も同じように感じますか？

佐藤：私はむしろ、昔より産業の裾野が広くなった分だけ、現在のほうがたくさんのビジネスチャンスが生まれていると思っているんです。新しいビジネスと言っても、必ずしも新しい商品・サービスを発明する必要があるわけではありません。いつの時代でも既存のものに新しい価値をつけることで、新しい商品やサービスが生まれていきます。ITなどの新しい技術やビジネス理論の構築などがなくたって構いません。ですから、中小企業が食べていくくらいのマーケットを探すことは難しくないと思っています。

――マーケットの競合も少なくないということでしょうか。

佐藤：ライバルは必ずいます。しかし、現在は消費者のニーズが多様化していて、かつそれぞれのロットは小さくありません。狙い目さえ外さなければ、新しいビジネスをたくさん生み出せる時代だと思います。

――そうしたチャンスはあるのに、日本で起業する人は少ないという現状があります。

佐藤：今は、会社員でいることのメリットが大きく、わざわざ起業してリスクを背負う必要もありません。しかし**自分のやりたいことを自分の思うとおりに実行するには起業が一番です。**私の妻は、最初はチャイルドケア、そしてプロバスケットボールチーム、今はペットクリニックの経営とペットフードの製造販売と、時流と自分のニーズに合わせて起業を楽しんでいるようです。

――社長になりたいと思う人も減っているかもしれません。

本郷：以前、勉強会で親しくなった、直木賞作家の邱永漢さんに聞いたことがあります。「社長は少ないのに社長向けの本を書くのはなぜですか?」と。すると「社長は少ないけれど、社長になりたい人は多い」と答えてくれて、実際、毎月のように本を出して何万部も売れていました。けれど、今は社長になりたい人も少ないですよね。そもそも仕事をしている人が少ないとすら感じます。新宿の事務所に出勤していた際に、毎朝、登山の格好をした30人くらいの集まりを見かけました。おそらく、皆さん、どこかの会社に勤めているのだと思いますが「この人たちに給料を払っている会社は辛いなあ」という気持ちになったものです。勤勉だと言われるドイツでさえ、失業保険の給付年数を延ばしたら、ギリギリまでもらう人が増えたといいます。人間はそういうものなのでしょうね。勤勉で努力を怠らない日本人なんて、過去の遺物かもしれません。

――一方で、社会問題を解決するために起業する「社会起業家」も目立っています。

本郷:今から30年以上も前に、ピーター・ドラッカーは『非営利組織の経営』を発表しました。当時は社会起業家というのは新しい考え方でしたが、今はNPO法人なども増えていますね。社会起業家には、マズローの「欲求5段階説」に言うところの自己実現欲求でビジネスをするような強さを感じます。自己実現欲求にはキリがありませんから、どこまでも進んでいきます。一方で、多くの人は生理的欲求と安全欲求さ

え満たされれば満足してしまいますから、**物の豊かな現在はがんばる理由に乏しいかもしれませんね。**

仕事は面白い

――お二人には「仕事好き」という共通点があると思います。

佐藤：人生で一番楽しいものは仕事です。成功も失敗もあってエキサイティング。たくさんの素晴らしい経営者との出会い。仕事を通じて学ぶ他国の経済と日本の長所や短所。なぜ、若い人が仕事を面白くないと感じる社会になってしまったのか。若い人にとっては不幸だと、私は思うほどです。人生で、もっとも時間を費やすものが仕事なのに。

本郷：私もビジネスそのものが面白くて仕事をしています。ですから私も、佐藤さんと同じようなことを職員に山ほど言っていますけれど、やはりピンときていない人が多いように思います。会社員だって会社に来ている時間は長いんだから、仕事が楽しいのが一番いいだろうと思いますよ。憂鬱なときはもちろんあるでしょうけれど。

――本郷先生も、月曜日の朝は憂鬱になるとおっしゃっていましたね。

佐藤：私は元気ですよ。

――そこはお二人の違いですね（笑）。

佐藤：**私は働くことを嫌がる人が増えたら増えたで、チャンスだと思っているんですよ。**推進されている働き方改革が広がることで、早く帰りたいと思う人ばかりになれば、働くことを楽しんだ人が勝つ時代になります。そうした世界が、必ず来る。だから、そういう人材を育てることに、私はこれからの生きがいを感じますね。

――トレンドを追うのではなく「逆張り」の考え方になりますね。

佐藤：私が中小企業の経営者や、これから起業する方に言いたいのは「これからでも参入できる新しいマーケットはたくさんある」ということ。そのために、逆張りすることです。皆が働かない時代になるからこそ働く。あるいは、今は人の交友関係が希薄な時代になっていますから、逆に人的なファクターをたくさん持っている人は希少価値。特に中小企業なら経営者同士で、個人的な関係を構築しやすいと思います。私にも商売で知り合って一生の友となって、家族ぐるみの付き合いをする方がたくさんいますが、お互いが中小企業の頃に知り合っています。今は日本一の調剤薬局チェーンになったアインホールディングスの大谷喜一社長や日本医療大学を創設した対馬徳昭理事長もそうした方々です。中小企業という規模感やビジネス環境自体が、自然と互いに助け合って成長できる仲間をつくりやすいのではないでしょうか。

――今後のビジネスという点では、いかがでしょう？

佐藤：私は2020年から小零細企業マーケット向けの、給与計算の代行事業と労務相談に力を入れています。「SmartHRやfreeeなど、クラウドサービスを使えば給与計算が自動的にできる」と言われている時代ですから、給与計算のアウトソーシングを始めるのは逆張りと見られるかもしれません。これも、皆と同じベクトルのことをやっていたら勝ち抜けないからに他なりませんし、BPO（Business Process Outsourcing）で十二分に勝ちきれると考えて、このマーケットに参入しました。

――本郷先生はこれからのビジネスについて、どう考えていますか？

本郷：今はマーケティングの仕方が変わっています。ネット社会になり、SNSなどでフォロワーをたくさん作れば営業できる時代になった。ですからポイントは、マーケットの「本音」を拾い上げて、ビジネスをしていくことだと思います。

佐藤：私もそう思います。潜在しているニーズは世の中にたくさんあります。世の中のトレンドと本音とのあいだにはさまざまな形でギャップがあり、そこにマーケットがあると思います。

本郷：先ほど、仕事を好きだという人が少ないという話になりましたが、その一方で数は少ないけれど夢中で働く人もいるんですよ。そうした人が活躍できる仕組みを会社が作っていければ、いいんでしょうね。

互いへの印象

――最後に今日は特別な対談になりましたが、お二方のご感想をお聞かせください。

佐藤：私が初めて本郷先生にお会いした時は、「学究肌の人」という印象を持ったのですが、その後にさまざまなことを教えていただき、今では、ビジネスや営業が大好きな人だという印象に変わりました。

本郷：ビジネスで、佐藤さんと競争したら負けますね。

佐藤：いえいえ。全て本郷先生のほうが絶対上ですよ。

本郷：私は、佐藤さんと競合することになる給与計算ビジネスに手を出さなくて良かったと思っていますよ（苦笑）。

佐藤：きちんとマーケティングをして、競合が誰かを明確に認識してからビジネスを始めないと、ということです。気づいたときにはぶつかってしまって取返しがつかなくなります。強い相手とは戦わないことは中小企業のビジネスの鉄則。本郷先生はまさしく強い相手です。尊敬すべきところもたくさんあります。

――例えば、どんなところでしょう？

佐藤：その一つは**興味関心の強さであり広さでしょうね。**以前、セミナーでご一緒した際に、会場に流れている広告にさえ本郷先生は興味を示していて。私なら絶対に興味を持たない。興味の幅が、私よりもずっと広いんだなと痛感しましたね。

本郷：それは、本業に集中できていないということだと思います（苦笑）。ビジネスを大きくさせるには、フォーカスしないといけないのに、税理士法人をやっていながら専業できずに、どれも中途半端なんです（苦笑）。

佐藤：私は自分で才能がないという分野、例えば不動産投資などいくつか認識していますので、そこには手を出さないと決めています。その上で、選んだものには夢中になることができますし、いつ変化するか分からない事柄に対して、今から準備を始められることが自分の特性だと思います。

――お二人のお話には、多くの示唆がありますね。本日はありがとうございました。

〈著者紹介〉

本郷 孔洋（ほんごう・よしひろ）
辻・本郷グループ会長。1945年、岩手県生まれ。早稲田大学第一政経学部卒業、同大学大学院商学研究科修士課程修了。その後1972年に、昭和監査法人（現・新日本監査法人）に入所。1977年に独立。辻・本郷 税理士法人を設立し、理事長として、スタッフ1,600名、顧客数1万2,000社の組織に育てる（2021年2月現在）。
成長戦略としての会計事務所のM&Aを積極的に推進、現在国内66拠点にまで成長させる。士業のM&Aを数多く経験し、士業M&Aの本質を知る数少ない経営者。「税務から離れるな、税務にこだわるな」をモットーに、自身の強みである専門知識、執筆力、話術を活かし、税務·経営戦略などの分野で精力的に執筆活動をしている。
近著に『本郷孔洋の経営ノート2021』『資産を作る！資産を防衛する！』（いずれも東峰書房）ほか著書多数。

佐藤良雄（さとう・よしお）
SATOグループ代表。グループ従業員1500名を超える日本最大級の士業グループの代表。
1953年、札幌市出身。1977年、現SATO行政書士法人を開業（現在代表社員）。1987年、人材紹介業のキャリアバンク株式会社を設立し、2001年札幌証券取引所アンビシャス市場へ第1号で上場。ジョブカフェ北海道の運営受託などパブリックビジネスへ参入。2005年に札幌証券取引所本則市場へ市場変更。1997年に創業した給与計算BPOの株式会社エコミックは2020年4月に東京証券取引所ジャスダック市場に上場。2003年、大企業を顧客とするSATO社会保険労務士法人を、2009年、中小企業を顧客とする日本社会保険労務士法人を設立。
近著に『企業化する士業と、勝者のメンタリティ』（金融ブックス）。

〈取材・構成〉
三坂　輝（みさか・ひかる）
三坂　輝プロダクション代表。ライター・エディター。1985年、東京都出身。青山学院大学法学部卒業。出版社勤務後、2016年独立。企業取材、執筆等を行う。

経営の王道を往け
時代を経ても変わらないリーダーの役割

2021年12月30日　初版第1刷発行

著　者――本郷孔洋・佐藤良雄
取材・構成――三坂 輝

発行者――張 士洛
発行所――日本能率協会マネジメントセンター
〒103-6009 東京都中央区日本橋2-7-1 東京日本橋タワー
TEL 03(6362)4339(編集)／03(6362)4558(販売)
FAX 03(3272)8128(編集)／03(3272)8127(販売)
https://www.jmam.co.jp/

協力――LIFE & MAGAZINE 株式会社
装丁――IZUMIYA（岩泉卓屋）
本文DTP――株式会社 RUHIA
印刷・製本―三松堂株式会社

ISBN 978-4-8207-2970-9　C2034
落丁・乱丁はおとりかえします。
PRINTED IN JAPAN

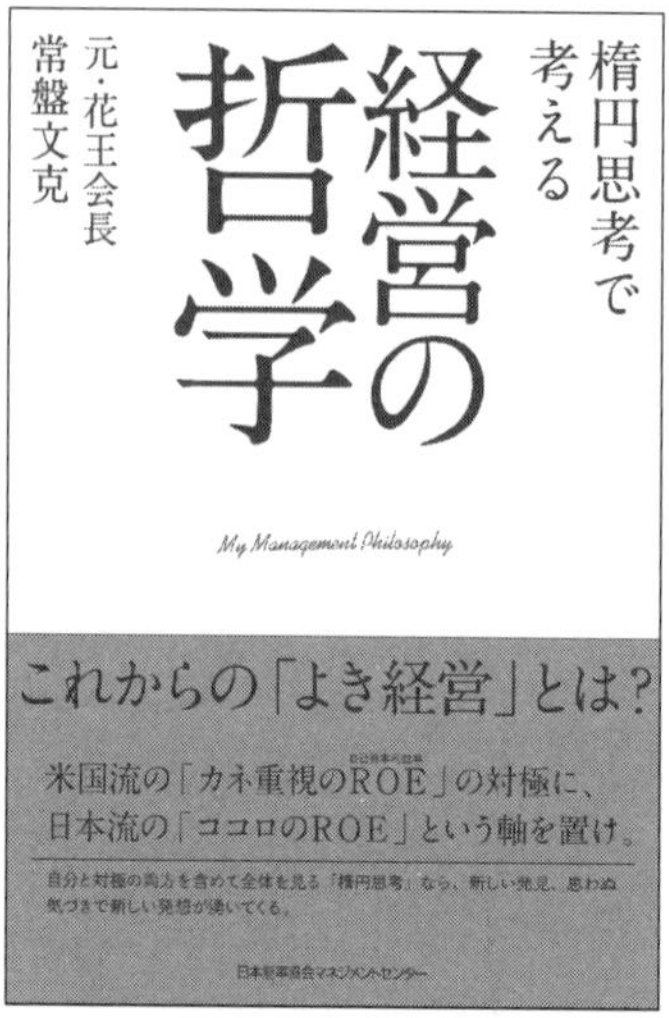

楕円思考で考える
経営の哲学

常盤文克 著

バブル崩壊後の景気低迷にあって、業績ばかりが注視され、人が育つ経営がおざなりになったことは否めません。そこで著者は、「楕円思考」による経営が大事だと主張します。楕円思考とは、東洋と西洋を包み込むような、また人間と自然を一体化するような発想です。
日本をはじめとする東洋思想と米国を代表する欧米的思想の両極を楕円に見立て、世界的視点による経営がこれからの日本企業の活路だと説きます。

四六判　196頁